Biser
Der Lebensweg Jesu

Eugen Biser

Der Lebensweg Jesu

Eine Meditation

Patmos

Information der Deutschen Nationalbibliothek
Die Deutsche Nationalbibliothek verzeichnet diese Publikation
in der Deutschen Nationalbibliografie; detaillierte bibliografische Daten sind im Internet
über http://dnb.d-nb.de abrufbar.

© 2007 Patmos Verlag GmbH & Co. KG, Düsseldorf
Alle Rechte vorbehalten
Printed in Germany
ISBN 978-3-491-70406-0
www.patmos.de

Inhalt

BILDTEXTE

Einführung

Im Glaubensbekenntnis der Christenheit klafft eine große Lücke. Auf das Bekenntnis »Geboren aus Maria der Jungfrau« folgt übergangslos, allenfalls durch die Namensnennung mit diesem verbunden: »Gelitten unter Pontius Pilatus, gekreuzigt, gestorben und begraben«. Diese Lücke nötigt zu der Frage: Warum gehen die grundlegenden Glaubensformeln bis auf die wenigen, die von der heilbringenden Lebensleistung Jesu sprechen, nicht ebenso ausdrücklich auf diese wie auf seine Geburt und seinen Kreuzestod ein? Waren seine Verkündigung des Gottesreichs, seine Entdeckung des Gottes der Liebe, seine Wundertätigkeit und sein Einsatz für die »Erniedrigten und Beleidigten« (*Dostojewskij*), die Kranken, Frauen und Kinder für den Glauben nicht ebenso wichtig? Erklärt sich dieses Schweigen allein aus der österlichen Perspektive, in der Paulus die Lebensgeschichte Jesu entwirft, oder besteht hier nicht ein Nachholbedarf, der im Interesse des Ausgleichs abgedeckt werden muß? Müßte dann nicht endlich der Versuch unternommen werden, im Glaubensbekenntnis mit den Evangelien gleichzuziehen und ihre Aussage in dieses aufzunehmen? Die folgenden Ausführungen versuchen, auf diese Fragen einzugehen und sie mit Hilfe theologischer Reflexionen, aber auch gestützt auf das Zeugnis der Kunst zu beantworten.

Der Titel »Der Lebensweg« bezieht sich bewußt auf den »Kreuzweg«, mit dem die betende Kirche der Spur des Leidensweges Jesu, angefangen von seiner Verurteilung durch Pilatus bis zu seiner Grablegung folgte. Sein Leidensweg hatte jedoch eine für den Christenglauben unverzichtbare Vorgeschichte in Gestalt des Lebensweges, der nicht weniger als sein Gang zum Kreuz verdient, betrachtend und betend nachvollzogen zu werden.

Der große Künstler hat einen eigenen, bisweilen sogar unmittelbaren Zugriff auf das religiöse Mysterium. Das führt mitunter zu Darstellungen, die in Spannung zu den biblischen Berichten und deren theologischer Interpretation stehen, gerade dadurch aber zu tieferen Einsichten verhelfen. Damit ist auch schon das Auswahlkriterium für die in der Folge zu deutenden Werke benannt. Bevorzugt werden jene, in denen der Künstler vor seiner eigenen Intuition erschrak und, überwältigt von dem Geschauten, seinem Staunen im Dargestellten Ausdruck verlieh. Ebenso liegt ein besonderer Akzent auf jenen

Werken, die einen Überhang zum Betrachter aufweisen, die also aus der Rezeption leben und im Betrachter fortgedacht und fortentwickelt werden wollen, die also mehr Frage als Auskunft und Darstellung sind. Im Zentrum stehen jedoch jene Werke, die das dargestellte Ereignis aus seinem historischen Kontext und seinem Gewesensein herausholen und auf quasisakramentale Weise vergegenwärtigen. Denn der Stifter des Christentums unterscheidet sich von den vergleichbaren Gestalten der Religionsgeschichte dadurch, daß er nicht nur eine Lehre hatte, sondern das, was er zu sagen hatte, in leibhaftiger Verkörperung war, und daß er auch nicht wie jene ins Dunkel der Vergangenheit versank, sondern allzeit gegenwärtig bleibt. Das bestätigt er in der Schlußversion des Matthäusevangeliums, wenn er versichert: »Und seht, ich bin bei euch alle Tage bis ans Ende der Welt«. Was hier Zusage ist, wird in den Spitzenwerken der Kunst Ereignis. In ihnen tritt das Mysterium aus seiner Verborgenheit hervor, um sich dem Betrachter in seiner überzeitlichen Gegenwärtigkeit zu zeigen und ihn in diese einzubeziehen. Damit greift die Kunst schon von Anfang an auf den erst in der Gegenwart erreichten Stand der glaubensgeschichtlichen Entwicklung vor. Denn dieser besteht in der Wende vom Bild- und Gegenstandsglauben zum Innerlichkeits- und Identitätsglauben.[1] In der Vorwegnahme dieser Entwicklung betreibt die Kunst in ihren Spitzenwerken immer schon das Werk ihrer Selbstaufhebung in den Betrachter hinein. Von diesem gilt, ins Positive gewendet, was *Friedrich Nietzsche* mit seiner Prognose, wonach alle großen Dinge in einem »Akt der Selbstaufhebung« durch sich selbst zugrunde gehen, behauptete, und was Walter Benjamin mit der These vom Verlust der Aura unterbaute, den das »Kunstwerk im Zeitalter seiner technischen Reproduzierbarkeit« erleide.[2] Das »imaginäre Museum«, das *André Malraux* für den Verbleib der Vorzugsschöpfungen der Kunst gefordert hatte, liegt im Verbund der Betrachter. Damit schließt sich der Ring von Kunst und Theologie, auch im Sinn des Zusammenhangs der im »Lebensweg« durchschrittenen Stationen mit den Zeugnissen der Kunst. Was diese betrifft, so war die eingangs getroffene Unterscheidung von reflektierenden, anrufenden und vergegenwärtigenden Werken nicht klassifizierend, sondern nur akzentuierend gemeint. In jedem Spitzenwerk der Kunst ist etwas von dem Erstaunen über die ihm zugrundeliegende Schau, ein Überhang zum Betrachter hin und etwas von seinem Verlangen, in den Betrachtern aufgehoben zu werden, um in ihnen Gegenwart und Anerkennung zu gewinnen.

Erstaunen vor dem Kind

Das ungemein anrührende Gemälde Filippo Lippis bildete vermutlich das Zentrum der Hauskapelle des Medicipalastes mit dem von Benozzo Gozzoli im Blick auf das Unionskonzil von Florenz (1443) gestalteten Zug der Weisen aus dem Morgenland, der sich auf die Anbetung des Kindes zubewegt.

Maria ist versunken in den Anblick des vor ihr am Boden liegenden Kindes, das mit dem Finger am Mund den von ehrfürchtigem Staunen geprägten Gesichtsausdruck der vor ihm knienden und sich zu ihm herabneigenden Mutter wiederholt. Deren Gesicht ist aber auch von leiser Wehmut geprägt, ganz so, als überkomme sie eine Vorahnung von der Zukunft des Kindes, auf die ihr Pendant, der jugendliche Johannes mit dem Kreuzesstab und dem Spruchband mit dem Anfang des Deutewortes »Ecce agnus Dei« (Joh 1, 36) nur allzu deutlich hinweist.

Die innere Spannung des Bildes besteht darin, daß sich Maria, wie von einer unsichtbaren Macht zurückgehalten, nicht zu ihrem am blumenbesäten Boden liegenden Kind herabbeugt, um es in ihren Armen aufzunehmen, sondern in anbetender Distanz verharrt. Den Grund läßt die Mittelachse des Bildes erkennen mit der Erscheinung Gottvaters, der sich mit weitgeöffneten Armen zu seinem geistgezeugten Sohn herabneigt, unter ihm die Taube des Heiligen Geistes, von dessen Gloriole ein feiner Strahl zu dem Kind herabführt und damit das Wunder seiner Empfängnis verdeutlicht. Davon ist Maria bis ins Innerste berührt. So sehr sie diesem Kind das Leben geschenkt hat, weiß sie doch, daß »das Heilige«, das aus ihr geboren wurde, sein Dasein dem Wirken des Gottesgeistes verdankt (Lk 1, 35). Das hält sie im Wunsch, sich zum Kind hinabzuneigen, zurück, während sie ganz ins Erstaunen über das durch sie Geschehene versunken ist.

In ihrem demütig-anbetenden Erstaunen spiegelt sich aber auch unverkennbar die staunende Betroffenheit des Künstlers über das durch seine Einfühlung, Imagination und Gestaltungskraft zustandegekommene Werk, das sich ihm mehr noch zueignete, als daß er es als seine eigene Schöpfung empfand und verstand. Mit ihm verhält es sich so wie mit dem Dargestellten. So sehr es aus eigenem Zutun hervorging, entstammt es für den Künstler doch vor allem jener unverfügbaren Sphäre, die das entstehende Werk nicht als Leistung, sondern als ungeschuldete Gewährung erweist. Auch wenn es der Konzeption des Künstlers entstammt, kommt es in einer letzten Hinsicht doch mehr noch ihm zu, so daß er es mehr als eine ihm übereignete Gabe denn als eine von ihm gelöste Aufgabe begreift. So fügt es sich dann auch in den Kontext der Medicikapelle und der Kirchengeschichte ein. Denn der Zug der drei Weisen, in denen man den Gastgeber des florentiner Konzils, Lorenzo il Magnifico, den aus Konstantinopel angereisten Kaiser Michael Paläologus XII. und den in Florenz verstorbenen Patriarchen Joseph II. erkennt, war zum irdischen Scheitern verurteilt und erreichte sein Ziel lediglich in dem von Filippo Lippi vergegenwärtigten Bereich. Dagegen waren die geschichtlichen Folgen des nur von der Westkirche anerkannten, im Osten dagegen verworfenen Unionskonzils denkbar tragisch. Weil der verabredete Kreuzzug zur Entlastung Konstantinopels nicht zustande kam, gelang Mechmet II. in einer spektakulären Militäraktion die Eroberung der in einem Blutbad untergehenden Stadt, die für Jahrhunderte zur Ausgangsbasis schwerer Angriffe des Islam auf die christlichen Kernländer wurde.

Es war der an der Vorbereitung des Konzils beteiligte Nikolaus von Kues, der in seiner Schrift »Über den Glaubensfrieden« aus der Tragödie die einzig möglichen und sinnvollen Konsequenzen zog.[3] Von diesem Frieden, der (nach Phil 4, 7) »alles Begreifen übersteigt und die Herzen und Gedanken in Christus bewahrt«, spricht auch die von Filippo Lippi geschaffene »Anbetung des Kindes« mit seiner ebenso bewegenden wie beruhigenden Atmosphäre.

Lieblich ausgedrückt

Das Spitzenwerk der Dresdener Gemäldegalerie ist zweifellos Raffaels »Sixtinische Madonna«, benannt nach Papst Sixtus V., der, flankiert von der den Betrachter anblickenden heiligen Barbara, die aus der jenseitigen Herrlichkeit hervortretende Madonna mit beredter Gebärde an die hilfsbedürftige Menschheit verweist. Zum Zeichen seiner Demut, aber auch seiner Solidarität mit den Notleidenden hat der Papst die Tiara, das Symbol seiner päpstlichen Macht, neben sich abgestellt, um sich allein auf die Wirksamkeit seiner Fürbitte zu verlassen. Und diese wird wunderbar erfüllt. Ein samtfarbener Vorhang öffnet sich beiderseitig, und aus einem die Madonna umglänzenden Licht tritt sie auf Wolken aus der himmlischen Verborgenheit hervor, und das so rasch, daß sich ihr Schleier aufbauscht und eine Falte ihres blauen Mantels zurückgeschlagen wird. Die Eile ihrer Erscheinung ist aber nicht so sehr die Folge des dringend um himmlische Hilfe bittenden Papstes; sie rührt vielmehr von dem her, was sie der Welt zu bieten und ans Herz zu legen hat: von ihrem lässig in himmlischer Nacktheit auf ihren Armen ruhenden Sohn, dessen Blick aber ungeachtet seiner Kindlichkeit bereits den Ernst des kommenden Weltenrichters spiegelt.

Filippo Lippi: Anbetung des Kindes

Was Raffael in diesem Werk gestaltete, ist somit, ganz unverkennbar, eine Vision, die den Einbruch des Jenseitig-Göttlichen ins Diesseitig-Menschliche mit seinen Bedrängnissen und Nöten imaginiert. Es ist die Schau, die Novalis in die Worte faßt: »Ich sehe dich in tausend Bildern, Maria, lieblich ausgedrückt. Doch keins von ihnen kann dich schildern, wie meine Seele dich erblickt. Ich weiß nur, daß der Welt Getümmel seitdem mir wie ein Traum vergeht, und ein unnennbar süßer Himmel mir ewig im Gemüte steht.«[4] Doch dieser unmittelbare Eindruck hält nur für einen Augenblick stand. Dann verlagert sich das Gewicht zusehends von der Schau auf das Geschaute, das sich mehr und mehr verselbständigt und das Gesetz des Sehens an sich reißt. Unabhängig von der Frage, wie es zustandekam, will hier etwas, was nicht von dieser Welt ist, ihr aber mehr als alles fehlt und was Gegenstand der päpstlichen Fürbitte ist, in ihr Gegenwart werden, um ihr aus ihrer Bedürftigkeit und Not herauszuhelfen. Es ist die Not des reichen Jünglings, der im Bewußtsein seiner korrekten Lebensführung Jesus fragen muß: »Was fehlt mir noch?« (Mt 19, 20), und es ist die Not Augustins, der zu Beginn seines Bekenntniswerkes von der Herzensunruhe spricht, die nur durch Gott zur Ruhe gebracht werden kann.[5]

Vor diesem Hintergrund entwickelt das Bild seine eigene Botschaft. Sie richtet sich an eine Kirche, die nach Ausweis ihrer Geschichte immer wieder Gefahr läuft, sich mit ihren Strukturen, Ordnungsentwürfen und Machtansprüchen an die Stelle dessen zu setzen, der »nicht gekommen ist, um sich bedienen zu lassen, sondern um zu dienen« (Mk 10, 35). Sie richtet sich an eine Theologie, die sich der aus der Interpretation der Botschaft Jesu durch griechische Denkformen hervorgegangenen christlichen Wahrheit verschrieben hat, anstatt nach der Wahrheit Christi und nach seiner Selbstaussage zu fragen. Sie richtet sich an eine Welt, die sich nach der Katastrophe, in die sie das »dritte Reich« der Gewalt, des Terrors und des Todes stürzte, noch immer nicht bereitgefunden hat, sich in die Arme dessen zu flüchten, der ihr mit der Sozialutopie des Gottesreichs den einzigen Rettungsweg in eine friedvolle und menschenwürdige Zukunft gewiesen hat. Und sie richtet sich an jeden einzelnen, dem sie in seinem Hunger nach Sinnerfüllung wie die Madonna den entgegenhält, der sein Friede und sein Lebensinhalt werden und bleiben will. Das ist eine Botschaft, die nicht nur begriffen werden, sondern ergreifen will, und die deswegen erst dann verstanden ist, wenn man sich von ihr tatsächlich ergreifen läßt. Das aber ist erst dann erreicht, wenn man den, den die Madonna so nachdrücklich präsentiert, von ihr entgegengenommen und in sich aufgenommen hat.

Raffaelo Santi: Die Sixtinische Madonna

1

Verkündigt und geboren

Die Urgeschichte des Christentums beginnt, wie sie schließt: mit einem Akt der Inspiration. Am Anfang steht die Botschaft des bei Maria eingekehrten Engels von der geistgewirkten Menschwerdung des Gottessohnes, am Ende die Herabkunft des Gottesgeistes in Feuerzungen auf die um Maria versammelte Pfingstgemeinde, auf die der Auferstandene vorauswies, als er die Jünger bei seiner ersten Ostererscheinung mit den Worten anhauchte: »Empfangt den heiligen Geist« (Joh 20, 22). Dabei kommt dieses Ende vor dem Anfang. Denn die Lebensgeschichte Jesu wäre niemals erzählt worden, wenn sie mit dem qualvollen und entehrenden Tod am Kreuz geendet hätte. Doch am tatsächlichen Ende seines Lebens steht das Bekenntnis der Osterzeugen von seiner Auferstehung und seiner Aufnahme in die Lebensfülle und Herrlichkeit Gottes. Das verlieh rückwirkend seinem Leben, Wirken und Leiden einen völlig neuen Stellenwert. Angefangen von seiner Geburt stand alles, was er war, erlebte, bewirkte und erlitt, im Osterlicht. Das gilt von dem vom »Glanz« des Herrn umstrahlten Engel, der den Hirten die Geburt des Messias ankündigt (Lk 2, 9 ff), ebenso wie von der Friedensansage des Engelchors (2, 14), die den Friedensgruß des Auferstandenen vorwegnimmt (Joh 20, 19 ff). Und es gilt sogar von der Einkehr des Engels bei Maria (Lk 1, 28), in der sich der Eintritt des Auferstandenen durch verschlossene Türen (Joh 20, 19.26) ankündigt. Beide Male, sowohl bei der Verkündigung an Maria als auch bei der Herabkunft des Geistes auf die Pfingstgemeinde, geht es somit um einen Akt der Inspiration, der die Mitteilung des Gottesgeheimnisses zum Ziel und Inhalt hat. In der Verkündigungsszene tritt Gott aus seinem ewigen Geheimnis und seiner undurchdringlichen Verborgenheit hervor, um nicht etwa wie in *Modest Mussorgskis* »Bildern einer Ausstellung« in einer »Totensprache zu den Toten«, sondern in der den Menschen einzig verständlichen Menschensprache zu den Lebenden zu reden. Denn im Zentrum der Gottesoffenbarung steht nicht wie im Judentum das von Gott gegebene Gesetz und ebenso wenig wie im Islam ein heiliges Buch nach Art des Koran, sondern der menschgewordene Gottessohn, an dessen Gesicht und Sprache, vor allem aber, wie *Sören Kierkegaard* erkannte, an dessen »stiller Beredsamkeit seines Wesens« die offenbarende Selbstmitteilung Gottes abgelesen werden muß.[6]

Kierkegaard läßt auch keinen Zweifel an dem, was dann im Zentrum dieser Offenbarung steht. Es ist das Wort der Großen Einladung Jesu an die Bedrückten und Beladenen (Mt 11, 28), denen er die nur seiner Hilfe zu verdankende Herzensruhe zusichert.

Das erklärt die bestürzenden Umstände der Geburt Jesu, nach Matthäus den durch ein Traumgesicht behobenen Konflikt zwischen Maria und ihrem Verlobten Joseph (Mt 1, 18–23)[7], nach Lukas das den Hirten gegebene Zeichen: nicht, wie es der messianischen Erwartung entsprach, ein Kind im Palast des Königs, sondern in der Futterkrippe einer Herberge, weil sonst »kein Platz für sie war« (Lk 2, 7). Doch so entsprach es wieder der im Zentrum des Christentums und der neutestamentlichen Überlieferung stehenden Passions- und Ostergeschichte. Denn Jesus stirbt nach der Deutung des Hebräerbriefs wie ein Ausgestoßener »außerhalb des Tores«, ausgegrenzt von der menschlichen Gemeinschaft (Hebr 13, 12). So entsprach es dann aber auch seiner lebensgeschichtlichen Zuwendung an das vom religiösen Establishment verachtete und verfluchte »Volk der Erde« (Joh 7, 49) und an die von ihm selig gepriesenen Armen, Hungernden und Weinenden (Lk 6, 20 f), denen er (nach 7, 22) vorzugsweise seine Botschaft verkündet.[8]

Im Osterlicht gesehen geht von Weihnachten ein mächtiger Impuls aus. Die menschlich Deklassierten sind die von Gott Privilegierten. Was aus menschlicher Sicht als töricht gilt, ist, wie Paulus versichert, in den Augen Gottes weiser als alle Menschenweisheit und das menschlich gesehen Schwache stärker als alle Menschenmacht (1 Kor 1, 25). Diese »Umwertung aller Werte« (*Nietzsche*) entstammt der Tatsache, daß Jesus, der in höchstem Einsatz »Wohl-taten spendend« durchs Leben ging (Apg 10, 38), dieses Leben durch sein Kreuzesleiden krönte und dadurch dem Leiden Tatcharakter verlieh. Das strahlte fort auf die Märtyrer der christlichen Frühzeit, denen es ebenso wie den lehrenden und tätigen Glaubenszeugen zu danken ist, daß der über der heidnischen Welt liegende Bann gebrochen und dem Christenglauben zum Durchbruch verholfen wurde.

Das ist heute, angesichts der zusehends in ein hedonistisches und utilitaristisches Heidentum versinkenden Lebenswelt, erneut an der Zeit. Wer sich heute mit dem von ihm zu tragenden Lebenskreuz, sei es das Kreuz eines erdrückenden Berufs, anhaltender Arbeitslosigkeit, einer schweren Krankheit oder schwieriger Lebensverhältnisse bewußt in die Nachfolge Jesu begibt, sollte wissen, daß er nicht nur seinem eigenen Dasein Sinn verleiht, sondern auch dem ihm Vorangehenden zu neuer Akzeptanz in einer sich gegen ihn immer wieder versperrenden Welt verhilft.

Die Vorahnung

Die Frage nach dem Geschehen während der verborgenen Jahre des Lebens Jesu hat die Gemüter immer schon beschäftigt. Durch den lukanischen Bericht vom Tempelbesuch des Zwölfjährigen wurde sie eher noch stimuliert als beschwichtigt. Und das nicht nur hinsichtlich der Folgezeit, in der die großen Vorentscheidungen in der Entwicklung des jugendlichen Jesus fielen, sondern auch im Blick auf die vorangegangenen Jahre. In diese Ratlosigkeit hat sowohl die Literatur als auch die Kunst eingegriffen. Jene mit dem Mörike-Gedicht »Göttliche Reminiszenz«, das von einer Episode aus dem Leben des »sicherlich« schon Fünfjährigen berichtet. Auf einem »wundersamen Bild« in einem Karthäuserkloster »sieht man den Knaben Jesus« in einem von Purpur umsäumten gelben Kleid auf dem gepolsterten Vorsprung eines von Palmen überschatteten Hangs sitzen. Ein freundlich zu ihm gebeugter Hirt hat ihm zum Zeitvertreib ein »versteinert Meergewächs« in die Hand gegeben. »Der Knabe hat das Wunderding beschaut«, da spannt sich »gleichsam betroffen« der weite Blick dem Betrachter entgegen, »doch wirklich ohne Gegenstand, durchdringend ewge Zeiten-Fernen, grenzenlos: als wittre durch die überwölkte Stirn ein Blitz der Gottheit, ein Erinnern, das im gleichen Nu erloschen sein wird; und das welterschaffende, das Wort von Anfang, als ein spielend Erdenkind mit Lächeln zeigts unwissend dir sein eigen Werk«. Das Gotteserlebnis des Zwölfjährigen hat somit eine Vorgeschichte, die Mörike in eine zwischen Galiläa und dem schwäbischen Jura oszillierenden Szene verlegt. Im Blick auf die ihm übergebene Versteinerung blitzt in dem Fünfjährigen sein ewiges Bewußtsein als welterschaffendes Wort ebenso unversehens wie flüchtig auf. Hinter seiner umwölkten Stirn bricht für einen Augenblick das Wissen des Gottessohnes um sein schöpferisches Wirken durch, um alsbald wieder im Lächeln des noch unwissenden Kindes zu verebben.[9]

Den Eingriff der Kunst veranschaulicht »Der Besuch der Engel« vom Buxtehuder Altar des Meisters Bertram. Vor einem apsisartig gestalteten Raum sitzt Maria, die, ganz in sich versunken, an dem dunkelroten nahtlosen Leibrock ihres Sohnes strickt. Der Zwei- bis Dreijährige hatte mit Kreisel und Peitsche gespielt und gleichzeitig in einem vor ihm liegenden Buch geblättert. Plötzlich gewahrt er aber zwei Engel, die leise hinter ihm die Szene betreten. Der eine hält das Kreuz und drei große Nägel, der andere den Stab und die Dornenkrone. Verwundert und betroffen blickt der Jesusknabe zu den beiden Trägern seiner Leidenswerkzeuge auf, ahnungsvoll, doch ohne den Sinn des Besuchs zu verstehen. Ohne die beiden Engel zu gewahren, wirkt aber auch Maria mit der Fertigung des Leibrocks am Sinn des Geschehens mit, das sich nun wie eine wortlose Frage an den Betrachter wendet. Er weiß um die Bedeutung des Engelbesuchs, der Mutter und Kind auf dessen

Meister Bertram: Der Besuch der Engel

furchtbares Ende einzustimmen sucht. Ist er bereit, sein Wissen auch in sein Verhältnis zu Jesus und Maria einzubringen und das in Akten religiöser »Sympathie« mitzuvollziehen, was dem Kind bevorsteht? Wenn er sich dazu bereitfände, würde er sich jenen Gestalten der Kindheits- und Vorgeschichte Jesu anschließen, die wie der Täufer um seine Vorherbestimmung zum Gotteslamm (Joh 1, 36) und wie der vom Geist erleuchtete Simeon um den von Jesus zu erleidenden »Widerspruch« und um das die Seele der Mutter durchdringende »Schwert« wußten (Lk 2, 34). Das ist der Kern einer Passionsfrömmigkeit, die von einem leidvollen Vorwissen um die Zukunft des Kindes ausgeht und diese Last ebenso bewußt wie mitfühlend auf sich nimmt.

2

Gefunden und verborgen

Das über der jahrzehntelangen »Vorzeit« Jesu liegende Dunkel wird nur vom Lukasevangelium durch seine Erzählung vom Tempelbesuch des Zwölfjährigen (Lk 2, 41–52) aufgehellt. Danach kommt Jesus schon ein Jahr vor Erreichung der Volljährigkeit zusammen mit seinen gesetzestreuen Eltern in den Tempel und bleibt dort, von ihnen bei ihrer Rückkehr unbemerkt, zurück. Als sie ihn weder bei der Reisegesellschaft noch, trotz eintägiger Suche, bei Verwandten und Bekannten finden, kehren sie in ihrer Not nach Jerusalem zurück, wo sie ihn endlich im Disput mit den Lehrern, »ihnen zuhörend und sie befragend«, wiederfinden. Die Szene erreicht ihren Höhepunkt in seiner Antwort auf den Vorwurf der Mutter: »Kind, warum hast du uns das angetan? Siehe, dein Vater und ich haben dich mit Schmerzen gesucht« (2, 48): »Weshalb habt ihr mich gesucht? Wußtet ihr denn nicht, daß ich dort sein muß, wo mein Vater ist?« (2, 49). Es ist dies das erste von Jesus überlieferte Wort; und es stößt, wie später so oft bei seinen Zuhörern (Joh 6, 42 f; 8, 27), sogar bei der eigenen Mutter auf Unverständnis (Lk 2, 50). Ohne seine Zugehörigkeit zum Elternhaus aufzugeben (2, 51), spricht er in einem andern, neuen und vorgreifenden Sinn von seinem »Vater« und von dem »Muß«, das ihn an den Ort von dessen Anwesenheit bindet. Davor verblaßt die Faszination, die von seinem Disput mit den Gesetzeslehrern auf ihn und die Zuhörer (2, 47) ausging. So sehr sie »über sein Verständnis und seine Antworten staunten«, galt doch seine eigene Verwunderung und Ergriffenheit der ihm fühlbar werdenden Nähe Gottes, die ihn in seiner Antwort an die Mutter, weit vorgreifend, von seinem »Vater« sprechen läßt.

Die Perikope schließt mit den Worten: »Und er zog mit ihnen hinab nach Nazaret und war ihnen untertan; seine Mutter aber bewahrte alle diese Begebenheiten in ihrem Herzen. Und Jesus nahm zu an Weisheit, Alter und Gnade bei Gott und den Menschen« (Lk 2, 51 f). Mit dieser Bemerkung taucht Jesus ein in die Arbeits- und Lebenswelt des verrufenen Nazaret (Joh 7, 50 f), wo ihm später bei seinem ersten Auftritt als Prophet (Lk 4, 16–30), in Erinnerung an seine Tätigkeit als »Zimmermann« und seine Herkunft als »Sohn der Maria«, feindselige Ablehnung entgegenschlägt. Mit dieser Heimkehr beginnt dann aber auch definitiv die durch den Bericht vom

Tempelbesuch nur kurzfristig aufgelichtete Zeit der verborgenen Lebensjahre Jesu. Da Jesus vielfach als »Rabbi« bezeichnet wird und es zu dessen Berufsausbildung gehörte, daß er neben dem Schriftstudium auch einen praktischen Beruf erlernte, spricht vieles dafür, daß in diese Zeit sowohl seine schriftgelehrte als auch seine handwerkliche Ausbildung fällt. Eine bedeutsame Rolle dürfte auch die Überzeugung der Familie von ihrer davidischen Herkunft gespielt haben, wohl auch ihre Hoffnung, daß aus ihr der ersehnte Messias hervorgehen werde. Zu dem späteren Bruch mit der Familie (Mk 3, 20 f) dürfte das Zerwürfnis geführt haben, das erste Äußerungen der charismatischen Begabung Jesu verursachten. Die Familie hielt den damit verbunden Anspruch für das Anzeichen einer geistigen Verwirrung. Das steigerte sich zu Beginn seiner öffentlichen Tätigkeit sogar zu dem Versuch, ihn gewaltsam nach Nazaret zurückzuholen (3, 21). Wie tief der dadurch entstandene Riß ging, zeigt sich daran, daß sich Jesus bei einem Besuch der Familie sogar von seiner Mutter distanzierte (3, 31–35).[10] Ungeachtet dieses Zerwürfnisses erscheint Maria nach der Auferstehung Jesu inmitten der auf die Herabkunft des Geistes erwartenden Jüngergemeinde (Apg 1, 14) und gehört Jakobus, der Bruder Jesu, zu den ersten Osterzeugen (1 Kor 15, 7).

Im Rückschluß davon gesehen könnte sich die Skepsis der Familie an den ersten Anzeichen der charismatischen, visionären und wohl auch dichterischen Begabung Jesu entzündet haben, wie sie sich später im Bekenntnis zu seinem Geistbesitz (Lk 4, 16), seiner Schau des Satanssturzes (10, 18) und in der Schaffung seiner Gleichnisse bekundete. Doch der zentrale Vorgang in dieser Verborgenheit betraf sein Gottes- und Erwählungsbewußtsein. Dabei wirkte zweifellos das Tempelerlebnis in ihm nach, vermutlich aber auch die Kunde vom Wirken des Täufers, die von Judäa bis in das abgelegene Nazaret drang. Es war die Kunde von einem Propheten, der wortgewaltig und aufrüttelnd vom nahen Tag des göttlichen Endgerichts sprach und dabei die Gestalt des nach ihm Kommenden beschwor, der mit Feuer taufen und die Spreu vom Weizen trennen werde (Mt 3, 4–12). Für den vom Erlebnis exzeptioneller Gottesnähe Stigmatisierten war das Anlaß, sich so, wie er es schon bei seinem Tempelbesuch zum Schmerz der Eltern vorweggenommen hatte, von der Familie und dem heimatlichen Nazaret zu trennen, um Anschluß an den Täufer und dessen Jüngerkreis zu suchen.[11]

Doch dazu wäre es nicht gekommen, wenn das Tempelerlebnis nicht in ihm fortgewirkt und auf eine Klärung gedrängt hätte. Zwar war er im Disput mit den Lehrern noch ganz in deren Vorstellungswelt verblieben. Doch drängte ihn das Erlebnis der Gottesnähe gleichzeitig auch schon darüber hinaus. Auffällig ist, daß bei seinem Erlebnis von den im Tempel täglich dargebrachten Opfern nicht die Rede ist. Läßt das darauf schließen, daß er damals schon an jene Gottesverehrung rührte, die er bei seiner ersten Selbstmanifestation im Gespräch mit der Samariterin am Jakobsbrunnen die Verehrung »im Geist und in der Wahrheit« nannte und als das Ziel der göttlichen Sehnsucht bezeichnete (Joh 4, 23)? Sicher ist nur, daß er sich durch die Erfahrung der Gottesnähe so sehr der Situation des Festpilgers überhoben fühlte, daß er für einen bewegenden Augenblick die Zugehörigkeit zur Familie aus dem Auge verlor und erst durch den Vorwurf der Mutter daran erinnert werden mußte. Dieser Augenblick wirkte nun, sich steigernd und vertiefend, in ihm nach und das mit der Folge, daß er sich in ein außerordentliches Gottesverhältnis aufgenommen wußte, auch wenn sich das erst später zur ehrfürchtig-kindlichen Anrede »Vater« klärte. Zum Ring schloß sich das zusammen, als er in der zu ihm dringenden Kunde vom Wirken des Täufers von jenem «Kommenden« erfuhr, der dessen Werk als Vollstrecker des Gottesgerichts vollenden sollte. Freilich blieb dabei zugleich eine tiefreichende Diskrepanz. Denn wie vertrug sich die Rolle des Vollstreckers mit der Verbundenheit mit Gott, in die er sich zunehmend einbezogen wußte? War diese Nähe nur die Legitimation für die sich ihm nahelegende Aufgabe? Oder wuchs er dadurch über sie hinaus? War also die Botschaft des Täufers nicht das letzte Wort, das Gott zu Israel gesprochen hatte? Und war es ihm am Ende aufgegeben, anstelle des »Tags der Rache« den des Aufatmens (Apg 3, 20), der Erbarmung und des Trostes heraufzuführen (2 Kor 1, 3)?

Max Liebermann: Der zwölfjährige Jesus im Tempel

Für sich einstehend

Es ist ein von zweifacher Tragik umschattetes Werk, das Max Liebermann mit seiner Darstellung des Zwölfjährigen im Tempel schuf. Denn damit setzte er sich durch seinen betonten Bruch mit der nazarenischen Tradition nicht nur derart heftiger Kritik aus, daß er München verlassen mußte; vielmehr faßte er aufgrund dieser bitteren Erfahrung auch den Entschluß, sich niemals mehr eines religiösen Themas anzunehmen. Dabei stellt das Werk an Darstellungskraft, Lichtregie und Dramatik alle vergleichbaren Darstellungen weit in den Schatten. Aus dem Tempel in Jerusalem ist – im Interesse der Vergegenwärtigung – eine Amsterdamer Synagoge geworden. Die Szene schildert den Augenblick, in dem der Zwölfjährige, hingenommen von dem Disput mit den ihm in denkbar gegensätzlichen Reaktionen, jedoch in höchster Spannung begegnenden Kontrahenten, nicht bemerkte, daß seine Eltern, von denen nur die angeschnittene Gestalt der Mutter zu sehen ist, die Wendeltreppe herabkommen, um ihn über sein Fernbleiben zur Rede zu stellen.

Die Szene entfernt sich sowohl von der Vielfalt der Darstellungen, in denen der jugendliche Jesus zum dozierenden Lehrer stilisiert ist, als auch vom lukanischen Text, der nur davon zu berichten weiß, daß Jesus seine Zuhörer »durch sein Verständnis und seine Fragen« (Lk 2, 47) erstaunen ließ, nicht jedoch als der geradezu leidenschaftlich auf seine Partner Einredende, wie ihn Liebermann auffaßt. Breitbeinig stellt er sich vor seine Partner hin, um ihnen das klarzumachen, was er ihnen nicht so sehr zu sagen hat, als was er vielmehr selber ist. Das löst die Reaktionen seiner Partner aus, die das ganze Spektrum von Widerspruch und Skepsis bis hin zu verhärteter Ablehnung und faszinierter Betroffenheit umfassen. Dem wird sich die Mutter mit dem Vorwurf anschließen: »Kind, warum hast du uns das angetan? Siehe, dein Vater und ich haben dich mit Schmerzen gesucht« (2, 48). Noch ganz hingenommen von seinem Disput, aber mehr noch von seinem Erlebnis des Tempels als dem Ort der Gegenwart Gottes, wird er diese Frage mit der Gegenfrage zurückweisen: »Warum habt ihr mich gesucht? Wußtet ihr nicht, daß ich dorthin gehöre, wo mein Vater ist?« (2, 49). Die Frage kommt aus dem dunklen Hintergrund der Szene. Er aber steht im Licht, das in unterschiedlicher Intensität auch auf seine Kontrahenten fällt. Werden sie dem auf sie fallenden Licht standhalten, oder gilt von ihnen, daß sie »die Finsternis mehr lieben als das Licht« (3,19)? Weil diese Frage offenbleiben muß, wendet sie sich an den Betrachter, der sich unwillkürlich zur Stellungnahme aufgefordert sieht. Wird er von dem, was dieses Kind zu sagen hat, die Antwort auf seine Lebens- und Existenzfrage erwarten? Wird er somit an dieses Kind und die aus ihm hervorleuchtende Wahrheit glauben? Das sind die Fragen, die das Gemälde dieses einfühlsamen Künstlers aufwirft, deren Beantwortung er jedoch ganz dem Betrachter überläßt.

Erwählt und beantwortet

In Gestalt einer geradezu visionären Szene hat El Greco um die Wende vom 16. zum 17. Jahrhundert die Taufe Jesu dargestellt. Halb stehend, halb kniend hat sich der betende Jesus vornübergebeugt, um sich von dem vor ihm stehenden Johannes das Taufwasser aus einer Muschel über den Kopf gießen zu lassen. In diesem Augenblick öffnet sich der Himmel, in dem der in gleißendem Licht erglänzende Vater, umgeben von einer Glorie aus huldigenden Engelgestalten erscheint, um seinen Geist in Gestalt einer Taube auf das Taufgeschehen herabzusenden. Was jetzt geschieht, verdeutlicht die zwischen Jesus und dem Täufer erscheinende Figur eines jugendlichen Engels, der mit hocherhobenen Armen ein weitgespanntes Tuch über Jesus ausbreitet, das Jesus ebenso umhüllen wird, wie es ihn vor einer Reihe von Zeugen abschirmt. Das in streng vertikaler Komposition gestaltete Werk imaginiert den Einbruch der göttlichen Herrlichkeit in eine Welt, in die die Demut Jesu die teilnehmende »Liebe von oben«, von der der Faust-Schluß spricht, herabzieht. Dieser Korrespondenz von Oben und Unten entspricht die Beziehung Jesu zum Täufer, wie sie in der zwischen beiden vermittelnden Engelfigur zum Vorschein kommt.

Zwar wird Jesus auch in andern Versionen wie etwa in der des um ein Menschenalter jüngeren Zeitgenossen El Grecos Piero della Francesca betend dargestellt. Nie aber wird die Zäsur, die der als einziger vom Beten Jesu redende Lukasbericht (Lk 3, 21) in die Szene legt, so lebens- und geheimnisvoll thematisiert wie in dem von El Greco geschaffenen Werk. Denn zwischen Jesus und dem Täufer steht in seiner Schau der Engel, der mit seinem Tuch Jesus wie mit einer Gloriole umgibt und ihn zugleich wie aus einer Hülle hervortreten läßt. Als leibhaftiger Vermittler zwischen Jesus und Johannes verweist der Engel zunächst auf die zwischen beiden waltende Schicksalsgemeinschaft, die der Künstler des Isenheimer Altars mit dem auf die unterschiedlichen Todesarten des gekreuzigten Jesus und des enthaupteten Täufers anspielenden Wort verdeutlicht: »Er muß wachsen, ich aber muß abnehmen« (Joh 3, 30). Vor allem aber verweist er gestalthaft auf die Antwort, die Alexander von Villers auf die Klage Joseph Bernharts über die nie ganz geglückte Lebensgemeinschaft von Mensch und Mensch mit seinem Theorem vom Zwischenmenschen gab. Bernhart antwortete auf die Frage, ob denn ein Mensch des andern »ganz, wie er möchte«, auch sein könne: »In langer Nacht bedacht´ ich mirs und mußte sagen: nein!« Villers setzte diesem resignativen Votum sein Geständnis

El Greco: Die Taufe Christi

entgegen: »Ich habe einen Aberglauben an den Zwischenmenschen. Ich bin es nicht, auch du nicht, aber zwischen uns entsteht einer, der mir Du heißt, dem Andern ich bin. Der aber denkt, fühlt und spricht, das ist der Zwischenmensch, und ihm gehören die Gedanken, das macht uns frei«. An das eine wie das andere verweist der zwischen Jesus und dem Täufer vermittelnde Engel im Bund dem hinter ihm erscheinenden Engelchor.[12]

Doch mit dem emporgereckten Arm verweist der Engel zugleich nach oben, wo sich (nach Mk 1, 10 f) der Himmel spaltet, der Geist wie eine Taube auf Jesus herabkommt und eine Stimme ihm versichert: »Du bist mein geliebter Sohn, an dir habe ich mein Wohlgefallen«. Was sich in der Schicksalsgemeinschaft mit dem Täufer anbahnt, vollendet sich so im Zuspruch der Gottessohnschaft, mit dem der Vater die Demut des Betenden und unter die Hand des Täufers Gebeugten beantwortet. So nimmt die Taufszene das vorweg, was der Christushymnus des Philipperbriefs in die Worte faßt: »Er erniedrigte sich selbst und wurde gehorsam bis zum Tod, ja bis zum Tod am Kreuz. Darum hat Gott ihn erhöht und ihm einen Namen verliehen, der höher als alle Namen ist« (Phil 2, 8 f). Doch in diese Erhöhung sind auch alle einbezogen, die sich dem Wort der Himmelsstimme öffnen und im Glauben an den Gottessohn die Sinnerfüllung ihres Daseins finden.

3

Getauft und versucht

Den Höhepunkt der Begegnung Jesu mit dem Täufer bietet das Ereignis, das Markus mit den Worten wiedergibt: »In jenen Tagen kam Jesus aus Nazaret in Galiläa und ließ sich von Johannes im Jordan taufen. Als er aus dem Wasser stieg, sah er, wie sich der Himmel spaltete und der Geist gleich einer Taube auf ihn herabkam. Und eine Stimme erscholl aus dem Himmel: Du bist mein geliebter Sohn; an dir habe ich mein Wohlgefallen gefunden« (Mk 1, 9 ff). Während der Taufakt selbst nur erwähnt wird, legt die Stelle alles Gewicht auf das in einem himmlischen Zuspruch ausklingende visionäre Erlebnis Jesu, das insgesamt wie eine Antwort auf eine von ihm immer schon gestellte Frage wirkt. Es ist die Frage, zu der er sich selbst geworden war (*Augustin*), als er sich immer deutlicher in ein exzeptionelles Verhältnis zu seinem Gott aufgenommen sah.[13] Es ist somit die sich ihm erstmals in ihrer lebensentscheidenden Triftigkeit stellende Frage nach seiner Identität. Die Himmelsstimme gibt ihm das »Stichwort« seiner definitiven Selbstfindung (*Benn*) und damit die erfüllende Antwort auf seine Lebensfrage.

Der Lukasbericht vertieft noch den Riß gegenüber dem Taufakt mit dem Hinweis darauf, daß sich das visionäre Erlebnis »während er betete« ereignete (Lk 3, 21). Für Lukas ist – wie für das ganze Neue Testament – das Gebet die mit dem Herzen gestellte Gottesfrage, die der Glaube beantwortet. Mit seinem Hinweis deutet der Evangelist an, daß sich der Dialog Jesu mit seinem Gott vornehmlich im Gebet vollzog, so wie sich für ihn dann umgekehrt die entscheidenden Vorkommnisse im Leben Jesu wie die Apostelwahl, die Verklärung, sein Ringen am Ölberg und sein Sterben im Gebet ereignen.[14] Gleichzeitig erinnert die Taufszene sowohl an die Verkündigung als auch an das Pfingstgeschehen, sofern sie wie diese von der Herabkunft des Geistes berichtet, der von da an die Regie im Leben Jesu übernimmt. Er treibt ihn (nach Mk 1, 12) zunächst in die Wüste und von dort nach Galiläa, wo er, »von der Kraft des Geistes erfüllt«, sein Lebenswerk beginnt.

Durch die Bemerkung »um vom Teufel versucht zu werden« (Mt 4, 1), wird der Wüstenaufenthalt Jesu einseitig auf die Versuchung hin fokussiert. Da aber der ihn treibende Geist (nach Joh 14, 26) der »alles lehrende und an alles erinnernde« Beistand ist, muß der Wüstenaufenthalt in erster Linie in einem hermeneutischen Zusammenhang, konkret gesprochen, im Zusammenhang mit seiner Verkündigung gesehen werden. Was Jesus in die Einsamkeit der Wüste treibt, ist die ihn aus allen, selbst den größten Propheten heraushebende Zusage seiner Gottessohnschaft, mit der ihm nicht nur eine einzigartige Würde zugesprochen, sondern auch die denkbar größte Aufgabe gestellt ist, diese Würde weltweit bekannt zu machen und sie, wie es der Logik dieses Aktes entspricht, den Menschen zu übereignen. Das treibt ihn in der Wüste und in der Gesellschaft »mit wilden Tieren« (Mk 1, 13) umher. Dabei wird er nicht nur zum Propheten, der vor allem sich selbst zu sagen und mitzuteilen hat, sondern nun definitiv auch zum Dichter, da nur ein erleuchtendes und erhebendes Wort seinem Mitteilungswillen genügt. Für diese Bildsprache bietet ihm die Wüste in Gestalt der Füchse (Lk 9, 58), Anemonen (Mt 6, 28), Dornen (7, 16), Schlangen (10, 16), Geier (24, 28) und Skorpione (Lk 10, 19; 11, 12) reiches Anschauungsmaterial und damit die Basis für seine Bildworte und Gleichnisse. Hinter den nach Lukas am Ende des Wüstenaufenthalts einsetzenden Versuchungen (Lk 4, 2) aber steht offensichtlich der Zweifel an dem an ihn ergangenen Zuspruch, der im Sinn der satanischen Insinuation durch eskalierende Gegenproben in Form eines Brotwunders (Mt 4, 3), eines Tempelsturzes und des Angebots der Weltherrschaft (4, 8 f) behoben werden soll.[15] In diesem letzten Fall würde der an sich zweifelnde Gottessohn sogar zum Vasall des tatsächlichen Beherrschers und »Gottes dieser Welt« (2 Kor 4, 4). Für den Gang der Lebensgeschichte Jesu fällt dann aber insbesondere die Tatsache ins Gewicht, daß Lukas die beiden letzten Versuchungen umstellt und das Ansinnen des Tempelsturzes auf das Ansinnen der Weltherrschaft folgen läßt (Lk 4, 5–12). Denn unausdrücklich war im Fall der Ablehnung des in hellsten Farben erstrahlenden Angebots mit dieser die Androhung eines mühe- und leidvollen Lebens und eines qualvollen Todes verbunden, dem sich Jesus am besten durch den von Engelhänden gemilderten Todessprung in den Abgrund entziehen könne. So steht Jesus wie Israel in seiner Frühzeit vor der Alternative von Leben und Tod (Dtn 30, 15). Indem er sich für das Leben entscheidet, wählt er die Mühsal und den bitteren Tod, damit aber auch die Chance, die Welt in sein Gottesverhältnis aufzunehmen und sich der Menschheit mit seiner Gottessohnschaft zu übereignen. Das ist der Test auf die an ihn ergangene Zusage, für den er sich entscheidet, indem er das satanische Angebot zurückweist. In der Wüste fällt somit die Vorentscheidung für sein gesamtes Lebenswerk. Deshalb zieht es auch seine Anhänger, von Paulus angefangen (Gal 1, 17) bis hin zu Charles de Foucauld, immer wieder in die Wüste zu den von ihm dort hinterlassenen Spuren.[16]

Der sehnsüchtige Verführer

Tintoretto schuf am Vorabend der Reformation und des Humanismus eine außergewöhnliche Darstellung der Versuchungsszene, die Jesus anstatt in der Wüste unter einem halbzerfallenen Dach in göttlichem Licht zeigt, während der in jünglinghafter Schönheit erscheinende Versucher ihm mit weit ausgestreckten Armen zwei Steine anbietet. Doch Jesus weist das verlockende Ansinnen, die Steine durch sein Machtwort in Brote zu verwandeln, in ruhiger Überlegenheit ebenso zurück wie das verführerische Selbstangebot des Versuchers, in dem der hintergründige Kern der Szene besteht. Mit beiden augenfälligen Abweichungen vom biblischen Text weist die Szene zurück auf die Versuchungsszene der Paradieserzählung des Buches Genesis, in der dem Menschen verboten wird, vom Baum der Erkenntnis zu essen, da ihm dieser Genuß den Tod brächte (Gen 3, 3). Stimuliert von der Einflüsterung der satanischen Schlange kann er jedoch der Versuchung zur Mißachtung des Gebots nicht widerstehen, und er erkennt, daß er nackt ist, nackt aber, wie Martin Buber bedeutungsvoll hinzufügt, nicht nur so, daß er sich vor seinesgleichen seiner Nacktheit schämen muß, »sondern auch miteinander vor Gott«[17].

Die Darstellung der Versuchungsszene erinnert in ihrer reichen Vegetation einerseits an das Paradies, in dem zerfallenden Dach aber nicht weniger auch an die Versuchungsszene des Isenheimer Altars, in der der Dämonensturm die Behausung des Einsiedlers Antonius demontiert. Im Zentrum aber steht der ungemein dynamisch gestaltete Dialog zwischen dem aus der Tiefe aufsteigenden Versucher und dem über ihm schwebenden Christus, der in seiner göttlichen Entrücktheit das satanische Ansinnen »Sprich, daß aus diesen Steinen Brot wird« (Mt 4, 3) zurückweist. In diesem Dialog stoßen zwei Welten aufeinander: die triebhaft-faszinierende, die im Gesicht des Versuchers ihren beredten Ausdruck findet, und die göttlich-hoheitsvolle, die in Gesicht und Gestik auf den Anruf aus der Tiefe eingeht. Dabei wirkt die Geste Jesu wie eine Einladung, ihm in seine Herrlichkeit zu folgen, während im Gesicht des Versuchers eine schmerzliche Sehnsucht nach dem erkennbar wird, was Ihm unerreichbar bleibt. Was dieses Gesicht spiegelt, ist, mit Nietzsche gesprochen, die Frömmigkeit im Unglauben und damit die heimliche Zusage im furiosen Widerspruch.[18] In Antlitz und Gebärde Jesu bekundet sich dagegen das Erbarmen des Schöpfers mit seiner gefallenen Kreatur, die zu ihm im Gesicht des jugendlichen Versuchers ihrerseits ebenso begehrlich wie verführerisch aufblickt.

Der Ring zwischen der Versuchungsszene und der Erzählung vom Sündenfall schließt sich, wenn man die Gestalt Christi mit Paulus als die des »letzten Adam« (1 Kor 15, 45) begreift. Anders als der zum »Lebewesen« erschaffene Stammvater wurde er als Auferstandener zum »lebendig machenden Geist«, der als Erlöster

(nach Joh 12, 32) alle an sich zieht. Für Paulus ergibt sich daraus seine evolutionä-
re Geschichtsschau, nach der sich die der Sklaverei der Nichtigkeit unterworfene
Schöpfung seufzend und in Wehen auf das Endziel der »herrlichen Freiheit der
Gotteskinder« zubewegt (Röm 8, 18–22). So wird die Versuchungsszene hinter-
gründig zum Dialog des Schöpfers mit der zu ihm aufschreienden Kreatur, deren
Forderung »Brot statt Steine« er mit der Zusicherung »Ich bin das Brot des Lebens«
beantwortet (Joh 6, 35.48).

Die Todesinsinuation

Auf der Predella seiner ingeniösen Maestà des Doms von Siena hat Duccio di
Buoninsegna die Versuchungen Jesu gestaltet, darunter auch die von Lukas an die
letzte Stelle gerückte zum Sprung von der Zinne des Tempels. Die Köpfe der bei-
den Kontrahenten sind infolge einer Beschädigung nicht mehr zu erkennen. Dafür
aber der wie eine Lanze ausgestreckte Arm des Satans, der gebieterisch in die
Tiefe verweist. Von ihr vermittelt die detailreich dargestellte Architektur der
»Zinne«, die den größten Raum des Gemäldes einnimmt, einen suggestiven Ein-
druck. Die Nacktheit der Architektur und das Fehlen aller Zeugen lenkt den Blick
auf das Versuchungsgeschehen, das sich ganz auf den satanischen Hinweis in die
lockende Tiefe konzentriert.

Mit dieser suggestiven Geste, aber auch mit der Ausblendung aller Zeugen und
Zuschauer räumt das Bild alle halbherzigen Deutungen beiseite, die von der
Aufforderung zum Tempelsprung im Sinn der Insinuation eines Schauwunders
sprechen. Gleichzeitig gibt es dem Evangelisten Lukas recht, der mit seiner Ver-
tauschung der von Matthäus her gewohnten Konsekution, die auf das Ansinnen
des Tempelsprungs das Angebot der Weltherrschaft von Satans Gnaden folgen
läßt (Mt 4, 5–10), die Aufforderung zum Tempelsprung als schwerste Versuchung
herausstellt (Lk 4, 9–12). Als solche kann sie aber nur gelten, wenn die
Aufforderung zum Tempelsprung als die zum Todessprung verstanden wird. Denn
die Zurückweisung der Weltherrschaft legte die damit verbundene Drohung frei.

Tintoretto: Die Versuchung Christi

Wer sich diesem Angebot entzog, ging das Risiko eines extrem schweren, mit Mühen, Enttäuschungen und Rückschlägen verbundenen Lebens ein. War es da nicht besser, den kürzeren und dazu noch von Engelhänden gemilderten Weg in den raschen Tod zu wählen? Was hier nur unterschwellig fühlbar ist, wird in der dritten Versuchung nach Lukas zum offenkundigen Ansinnen. Vor diesem Hintergrund wird der dunkle Unterton in der Aufforderung: »Stürze dich da hinab!« erst wirklich hörbar. Jetzt gewinnt aber die Geste des Versuchers auf Duccios beschädigtem Bild ihre volle Bedeutung. Sie wird zur Chiffre, die nun nur noch als Aufforderung zum Selbstmord gelesen werden kann. Nach langen Jahrhunderten zog, wie sich bereits zeigte, die Theologie im Werk des amerikanischen Interpreten Jack Miles »Der Selbstmord des Gottessohns« damit gleich. Darin ging er den Spuren nach, die seine extreme Sicht zu bestätigen scheinen, angefangen von der Frage der Juden: »Will er sich etwa selbst umbringen, weil er sagt: Wohin ich gehe, dahin könnt ihr nicht kommen?« (Joh 8, 22) bis hin zur Bezeichnung der christlichen Märtyrer als »Athleten des Todes« (Clemens von Alexandrien).[19]

Doch der in die Tiefe weisende schwarze Arm des Versuchers zielt auch auf den Betrachter der Szene, den er nun gleichfalls auffordert, den leichteren Weg des Ausweichens vor den Aufgaben und Schwierigkeiten des Lebens zu wählen, anstatt sich ihnen mit Mut und Entschlossenheit zu stellen. Darauf kann er nur mit dem vom Satan Herausgeforderten antworten: »Du sollst den Herrn, deinen Gott nicht versuchen« (Lk 4, 12) und, gestützt auf dieses Schriftwort (Dtn 6, 16), das an ihn gerichtete Ansinnen zurückweisen. Doch damit verschiebt sich die Perspektive noch einmal und jetzt auf den vom Satan Versuchten hin. Konnte er, wenn er wirklich, wie ihm der Satan ironisch unterstellte, der Gottessohn war (Lk 4, 3.9), versucht werden? Darauf antwortet der Hebräerbrief mit Nachdruck: »Er ist in allem so wie wir in Versuchung geführt worden, doch ohne dabei zu sündigen« (Hebr 4, 15). Und er begründet das damit, daß er sonst »mit unserer Schwäche« nicht hätte mitfühlen können. Nichts ist ihm erspart geblieben, nicht einmal die Anfechtung zum Selbstmord, geschweige denn die Neigung, den Weg des geringeren Widerstands einzuschlagen, weil es so seiner vollen Menschlichkeit und Solidarität mit den vielfach Angefochtenen entsprach. Auch das bestätigt der Hebräerbrief, wenn er versichert: »Da er selbst in Versuchung geführt wurde und gelitten hat, kann er denen beistehen, die versucht werden« (2,18). In dem zerstörten Gesicht Christi muß sich beides ausgedrückt haben: Das Mitgefühl mit den vielfach Versuchten, und der Wille, ihnen beim Versuch, die Anfechtung zu überwinden, beizustehen.

Duccio: Die Versuchung Christi

Der Abschied vom Täufer

Zu den bewegenden Szenen der Lebensgeschichte Jesu gehört die seiner Trennung vom Täufer Johannes, dem er sich zunächst angeschlossen hatte. Im Bewußtsein, »er muß wachsen, ich aber muß abnehmen« (Joh 3, 30), verweist Johannes seine Jünger auf den »Größeren« mit dem Wort: »Seht, das Lamm Gottes!« (1, 36). Das war für Dieric Bouts Anlaß, diese Szene im Sinn eines mystischen Realismus zu gestalten. Ein kristallklarer Fluß, aus dem in Erinnerung an eine Wendung der Apokalypse der Baum des Lebens hervorragt (Offb 22, 3), trennt die beiden Bildhälften. Auf der rechten Seite erscheint vor einer phantastisch aufgetürmten Landschaft der Täufer, der seine Linke auf die Schulter des stellvertretend für seine Jünger stehenden Stifters legt, während er ihn mit seiner Rechten bedeutungsvoll auf den auf der anderen Bildseite vorübergehenden Jesus verweist. Der Stifter ist zugleich dadurch von der Szene ausgenommen, daß er in kniender Gebetshaltung mit dem Blick in eine imaginäre Ferne dargestellt ist. Das Bild spiegelt eine ihn ergreifende Vision, in der er des Dargestellten innerlich ansichtig wird. Insofern verweist auch er, zusammen mit dem Täufer, auf den am andern Ufer des Flusses vorübergehenden Jesus. Auch dieser erscheint, gehend und betend, vor einer bizarren Gebirgslandschaft, während er mit großen Schritten geradewegs auf den Betrachter zugeht. Auf dem Boden, über den Jesus mit bloßen Füßen schreitet, liegen Edelsteine, die zur Nachfolge einladen. Der Stifter ist in diese schon insofern eingetreten, als er mit seinen gefalteten Händen unwillkürlich den Gebetsgestus Jesu nachvollzieht. Die Gleichsinnigkeit des Gebetsgestus bei Jesus und dem Stifter bildet die motivliche Brücke zwischen den beiden Bildhälften. Mit dem Gehen Jesu ist zunächst darauf verwiesen, daß er erst am Anfang seines Werkes steht und noch einen weiten Weg vor sich hat. Kaum weniger ist damit aber auch angedeutet, daß er diesen Weg, wie der Gestus des Täufers und die »betenden Hände« des Stifters beweisen, nicht allein gehen will, sondern daß er auf die ihm Nachfolgenden wartet.

Auf eine dritte Bedeutung dieses »Gehens« hat Albert Schweitzer in seiner »Geschichte der Leben-Jesu-Forschung« verwiesen. Ihr sei es merkwürdig ergangen. Denn sie zog aus, um den historischen Jesus zu finden und ihn in unsere Zeit hineinzustellen. Dabei löste sie die Bande, mit denen er seit Jahrhunderten an den Felsen der Kirchenlehre gefesselt war. Sie freute sich, als wieder Leben und Bewegung in die Gestalt kam und als sie den historischen Menschen Jesus auf sich zukommen sah. Während Schweitzer jedoch mit der resignierenden Bemerkung schließt: »Aber er blieb nicht stehen, sondern ging an unserer Zeit vorüber und kehrte in die seinige zurück«, verhält es sich bei Dieric Bouts umgekehrt.[20] Sein betender Jesus geht eher am Täufer, dessen Gerichtspredigt er mit seiner

Dieric Bouts: Das Lamm Gottes

Botschaft vom bedingungslos liebenden Gott hinter sich läßt, vorbei, um anstelle der vom Künstler ausgesparten, aber vom Stifter repräsentierten Jünger den Betrachter für seine Botschaft zu gewinnen und zur Nachfolge aufzufordern. Denn mit seiner irdischen Tätigkeit wird er das ihm aufgetragene Werk noch nicht vollendet haben. Auf seine Herkunft, auf die der Strom mit dem Baum des Lebens und der Gestus des Täufers hinweisen, und die in ihm Gestalt gewinnt, wird seine Zukunft folgen. Wie die Edelsteine vor seinen Füßen andeuten, wird sich sein Weg durch die Zeit über seinen vom Täufer angedeuteten Tod hinaus fortsetzen. Seine Lebensgeschichte wird von seiner Wirkungsgeschichte fortgeführt, die, wie seine »betenden Hände« andeuten, im Zeichen der Interaktion zwischen ihm und den Seinen und seiner Einwohnung in ihren Herzen steht. Um sie zu gewinnen geht er auf den Betrachter und mit ihm auf alle zu. Werden sie auf seine Einladung eingehen?

Die Berufung der Jünger

In dieser Szene des Mosaikfrieses aus der ehemaligen Palastkirche des Gotenkönigs Theoderich in Ravenna steht Jesus im kaiserlichen Ornat, zusammen mit einem rätselhaften Begleiter, am Gestade des Sees Gennesaret, wo er mit bedeutungsvoller Geste die mit einem Fischfang beschäftigten Jünger Petrus und Andreas in seine Nachfolge beruft. Die ganze Nacht über hatten sie sich abgemüht und nichts gefangen. Doch auf das Wort Jesu hin warfen sie nochmals das Netz aus und machten einen überreichen Fang, den Petrus ins Boot zieht, während sich ein Delphin mit aufgeworfener Schwanzflosse eiligst zu retten sucht. Es wird ihr letzter Fang sein; denn Jesus stellt ihnen die ungleich größere Aufgabe: »Kommt und folgt mir nach; ich werde euch zu Menschenfischern machen« (Mk 1, 17). Die gebieterische Gestalt des von seinem Begleiter sekundierten Jesus duldet kein Zögern: »Sogleich ließen sie ihre Netze liegen und folgten ihm« (1, 18). Da die Gestalt des Christusbegleiters wegen der lückenhaften Informationen über ihren arianischen Hintergrund im Dunkeln verbleibt, konzentriert sich alles auf den von ihm begleiteten und bestärkten Jesus, der dadurch ebenso als die Sinnmitte wie als der Sinngrund des Ganzen erscheint.[21] Während sich die beiden Fischer abmühen, steht er in der ruhigen Gelassenheit des Vollendeten da. Ungeachtet seiner exzentrischen Position ist er das wahre Zentrum der Szene. Von ihm gehen die geistigen

Sant' Apollinare Nuovo: Die Berufung der Jünger

Kraftlinien aus; auf ihn führen sie auch wieder zurück. Zwar weist Jesus mit der Hand auf die von ihm berufenen Jünger; sein Gesicht aber ist, wie das seines Begleiters, mehr dem Betrachter zugewandt. Das verleiht der Szene eine unverkennbare Kopflastigkeit in Richtung auf diesen. Mit der Jüngerberufung, die sich in ferner Vergangenheit am See Gennesaret ereignete, ist der Betrachter in seiner augenblicklichen Gegenwart gemeint. Doch mit dieser Gegenwart hat es eine besondere Bewandtnis. Es ist mehr noch diejenige Jesu als die des Betrachters. Er steht, gestern, heute und in aller Zukunft am Gestade der Welt, um die auf seinen Anruf Hörenden in seine Nachfolge zu berufen und wie die Jünger der ersten Stunde zu Menschenfischern zu machen. Mosaiken bestehen aus einem zeitüberdauernden Material und sind demgemäß, wie insbesondere diese Berufungsszene, »für die Ewigkeit« geschaffen. Als solche verherrlichen sie den, der im Unterschied zu allen anderen Religionsstiftern nicht nur eine Botschaft hat, sondern diese in leibhaftiger Verkörperung ist, und der, anders als sie, nicht in die Vergangenheit abgesunken ist, sondern allzeit gegenwärtig bleibt, um die, die seine Stimme hören, in seinen Dienst zu nehmen.

Vor allem aber hat die rätselhafte Gestalt des Christusbegleiters dem Betrachter etwas zu sagen. Wie der Lazarus der Auferweckungsszene (Joh 11, 1–44) und der Lieblingsjünger der Szene mit der Entlarvung des Verräters (13, 21–30) steht er für die Doppelgänger (Beyschlag), in die sich die Gestalt Jesu an Schlüsselstellen des Evangeliums entzweit. Wie der Lieblingsjünger mit seiner Frage nach dem Verräter (13, 25) das ganze Passionsgeschehen in Gang setzt und wie die Lazarusperikope seine Auferstehung vorwegnimmt (11, 43 f), geht auch vom Christusbegleiter der Jüngerberufung ein Anreiz aus, es Jesus gleichzutun und, da dies niemals ganz gelingt, ihn wenigstens – in ihn sich vertiefend und in seinem Geiste handelnd –, auf seinem Lebensweg zu begleiten.

Wer dieser Weisung folgt, macht eine große Entdeckung. Ihm geht unversehens auf, daß er mit dem Christusbegleiter letztlich selbst gemeint ist. Was ihm in diesem vor Augen tritt, ist dann ein Spiegelbild seiner selbst. Da die ravennatischen Mosaiken auf die Vorstellungswelt des Arianismus Bezug nehmen und da ferner alle Dokumente über den Arianismus verloren gingen, und selbst das Thalia-Fragment des Arius nur eine unbestimmte Auskunft gibt, muß der Betrachter diese, wenn überhaupt irgendwo, in sich selber suchen. Das hebt ihn weit über sich hinaus. Wo er nur den Rezipienten einer tief verschlüsselten Botschaft vermutete, tritt ihm der ihn weit überbietende Reflex seiner selbst entgegen, so daß sich die Begegnung mit diesem zu einer Selbstbegegnung klärt. Doch diese gerade nicht im Sinn einer bloßen Wiederholung dessen, als was er sich selber weiß, sondern einer Selbstbegegnung, die einer Entrückung in eine höhere Sphäre gleichkommt. Erst wenn man dem Bild dorthin folgt, hat man seine Botschaft begriffen.

Das Gespräch am Jakobsbrunnen

Die ravennatische Mosaikkunst ging auch auf das johanneische Pendant zur synoptischen Berufungsszene ein. Und dies in der Szene mit der Samariterin am Jakobsbrunnen, die sich wie in einem Gegenstück in der wachsenden Rolle der Maria aus Magdala in der johanneischen Passions- und Ostergeschichte spiegelt. Hier die »anrüchige« Frau, die im dramatischen Dialog mit Jesus zur Botin des Messias wird (Joh 4, 29); dort die von Jesus von schwerer Besessenheit Geheilte (Lk 8, 2), die vorauseilend die Totensalbung an ihm vollzieht (Joh 12, 3–8), die mit andern »von ferne« seine Hinrichtung erlebt (Mk 15, 40), und die bei ihrem

Sant' Apollinare Nuovo: Jesus und die Samariterin

Grabbesuch in der Frühe des ersten Wochentags zur ersten Osterzeugin wird (Joh 20, 11–18).[22]

Von der Samariterin zunächst abgewiesen, zieht Jesus diese dennoch in ein Gespräch über das wahre Lebenswasser, das er den Dürstenden anzubieten hat, vorausgesetzt, daß sie zu den »wahren Anbetern des Vaters« gehören, und das er schließlich ihr selbst anbietet, indem er sich ihr als den von ihr erwarteten Messias zu erkennen gibt (Joh 4, 25). Auf dem Mosaik zerschneidet das Gestänge des Brunnens die Szene in zwei Hälften, so daß die mit dem Wasserschöpfen beschäftigte Samariterin in einer auf die betriebsame Marta (von Lk 10, 40) vorausweisenden Haltung dem ruhevoll lehrenden Jesus gegenübersteht. Dieser ist wiederum – und das im Widerspruch zum ausdrücklichen Vermerk, wonach die Jünger zum Einkaufen weggegangen waren (Joh 4, 8) – durch seinen Begleiter akzentuiert, der seine Geste spiegelbildlich wiederholt. Da nähere Informationen über die arianische Christologie, der das Motiv entstammt, fehlen, bleibt nur der Erklärungsweg über die von dem Bild selbst, seinem Reflex im Betrachter und dem hier besonders naheliegenden Johannesevangelium gegebene Auskunft.

Um bei letzterem einzusetzen, so spaltet sich in diesem die Gestalt Jesu schon bei der Auferweckung des Lazarus in einer Weise auf, daß er sich in dem wie sein Doppelgänger wirkenden Lazarus selbst aus dem Grab herauszurufen scheint (11, 38–44). Erst recht gilt dies von der Entlarvung des Verräters, wenn plötzlich an der Seite Jesu der Lieblingsjünger erscheint, der mit seiner Frage: »Wer ist es, Herr?« das ganze Passionsgeschehen in Gang setzt (13, 23 ff). Auch er ist eine Idealfigur, durch die sich Jesus selbst seinem Schicksal ausliefert. Im Licht dieser Figur gewinnt der Christusbegleiter deutlichere Kontur. Er ist, so gesehen, kein anderer, der Jesus nach Art eines Jüngers oder eines Gefährten beisteht, sondern er selbst, der sich in seinem Begleiter in der Doppelung als Davids- und Gottessohn selbst begegnet und sich so in seiner gottmenschlichen Identität erfährt.[23] In diesem Begleiter spiegelt er sich, in ihm reflektiert er seine Worte und Taten und schöpft er die Gewißheit, aus der er handelt und redet. Von dieser Gewißheit ist auch sein Gespräch mit der Samariterin getragen. Durch sie verwindet er die Abweisung seiner Bitte um einen erfrischenden Trunk, die Irritation durch ihre ständigen Ausflüchte und ihr Zurückweichen vor der auf sie eindringenden Wahrheit, bis er sie schließlich durch sein überwältigendes »Ich bin es« stellt und für sich und seine Sache gewinnt.[24]

Auch in dieser Szene richtet sich der Blick Jesu nicht so sehr auf seine Partnerin als vielmehr auf den Betrachter, der zum Zeugen des Geschehens geworden ist und sich fragen muß, ob er sich nicht allzuoft wie diese sich Mal und Mal verweigernde Frau verhielt. Ob er nicht die an ihn ergehende Bitte abschlug, nicht das an ihn gerichtete Ansinnen absichtlich mißverstand, nicht sich der unüberhörbaren Einladung entzog und sich zuletzt einfach geschlagen geben mußte. Doch das Entscheidende geschieht in dem nun auch an ihn ergehenden »Ich bin es«, mit dem Jesus nun auch ihn im tiefsten Sinn des Ausdrucks »zur Rede stellt«. Denn in diesem Wort sagt sich ihm der zu, der (nach Joh 1, 18) vom Herzen Gottes kam, um den Orientierungslosen die rettende Kunde zu bringen, und das nicht nur in Form seines befreienden und aufrichtenden Wortes, sondern in der seiner Selbstübereignung. Mit seinem »Ich bin es« antwortet er auf die Sehnsucht des Betrachters nach Wegweisung und Sinnerfüllung. Und er antwortet, indem er sich ihm als sinnerfüllenden Lebensinhalt anbietet.

4

Predigend und heilend

Das Mahnwort Jesu: »Was ich euch im Dunkeln sage, davon redet am hellen Tag, und was man euch ins Ohr flüstert, das verkündet auf den Dächern« (Mt 10, 27), gilt in erster Linie von ihm selbst. Denn alles in ihm drängte darauf, das, was er sich während der langen Jahre seiner Verborgenheit im Gespräch mit seinem Gott zugesprochen hatte, in aller Öffentlichkeit zu verkünden. Darin spiegelt sich auch, bezeichnend für seine Menschlichkeit, der Grundakt seiner dialogischen Selbstverständigung. Was wir, im Guten oder Bösen, einander zu sagen haben, entstammt dem Vorgriff auf den von uns erwarteten Rezeptionsakt des Ansprechpartners. Wir verstehen ihn, weil wir uns selbst in ihm begegnen und wir so in einem fundamentalen Einverständnis mit ihm stehen. Alles Reden ist demnach Rekonstruktion dieses fundamentalen Einverständnisses. Erst auf dieser Basis kommen Rede und Gegenrede zusammen. Freilich bedarf es dazu jeweils auch eines Anstoßes von außen. Und der kam für Jesus, abgesehen von dem Dialog, in dem er mit seinen Jüngern stand, auch aus seinem politischen Umfeld. Einen besonders heftigen Anstoß gab ihm dazu sein Landesherr Herodes, als er den ihm aus politischen Gründen verdächtigen Täufer gefangen nehmen ließ und dadurch dessen Tätigkeit gewaltsam beendete. Das war für Jesus das Signal, die ihm entsunkene Fackel aufzugreifen und neu zum Leuchten zu bringen. Die älteste Überlieferung faßte das in das programmatische Wort: »Als Johannes ins Gefängnis geworfen worden war, durchzog Jesus das galiläische Land und verkündete: Die Zeit ist erfüllt, das Gottesreich ist nah. Kehrt um und glaubt an die Heilsbotschaft!« (Mk 1,14f) Während Johannes im Vorgefühl des nahen Weltendes wirkte, trat Jesus im Bewußtsein der großen Zeitenwende an. Für ihn gilt, was der zum Repertoire der ersten Glaubensboten gehörende »Stürmerspruch« (*Schenke*) in die Worte faßt: »Gesetz und Propheten gelten bis Johannes. Von da an wird das Gottesreich verkündet, und jeder drängt mit Gewalt hinein« (Lk 16, 16). Den tiefgreifenden Unterschied markiert er schon mit seinem andersartigen Lebensstil: »Johannes kam, er aß nicht und trank nicht, und da heißt es: er ist verrückt. Der Menschensohn kam, er ißt und trinkt, und da heißt es: dieser Fresser und Säufer, dieser Freund der Zöllner und Sünder!« (Lk 7, 33 f) Akzentuiert wird die Unterscheidung durch die wohl als nachösterliche Bildung (*Vögtle*) zu verstehende Szene mit der Antwort Jesu auf die von den Johannesjüngern überbrachte Frage des gefangenen Täufers, ob er trotz gegenteiligen Anscheins tatsächlich der von ihm angekündigte »Kommende« sei: »Geht hin und berichtet dem Johannes, was ihr hört und seht: Blinde sehen, Lahme gehen, Aussätzige werden rein, Taube hören, Tote stehen auf und Armen wird die Heilsbotschaft verkündet. Und selig ist, wer an mir keinen Anstoß nimmt« (7, 22 f). Mit der abschließenden Seligpreisung fordert Jesus den Täufer auf, sich auf den tatsächlichen Gang der Heilsgeschichte einzulassen, da Gott anstelle des von ihm angesagten Gerichts »Zeiten des Aufatmens« kommen ließ (Apg 3,20) und weil es nur so dem von ihm enthüllten »Vater der Erbarmungen und Gott allen Trostes« entsprach (2 Kor 1, 3). So entsprach es aber auch der politischen Situation, mit der sich Jesus konfrontiert sah. Denn von dem von den Zeloten mit persuasiven und repressiven Mitteln heraufbeschworenen Freiheitskrieg gegen die römische Unterdrückung wußte er, daß im Fall seines Ausbruchs »kein Stein auf dem andern bleiben« werde (Lk 21, 5 f). Deshalb setzte er ihrer Agitation im Namen des Gottes, der nach dem Schlüsselwort seiner Bergpredigt sogar »die Undankbaren und Bösen« mit seiner Güte umfängt (6, 35), seine Botschaft der Gewaltlosigkeit und des Friedens entgegen.

Doch im Zentrum seiner Verkündigung stand das, »was kein Auge geschaut, kein Ohr vernommen und keines Menschen Herz jemals empfunden hat«, weil es sich nur denen erschloß, die Gott lieben (1 Kor 2, 9): die Entdeckung des bedingungslos liebenden Gottes, mit der er die größte Innovation der Religionsgeschichte herbeiführte und die menschliche Gottesbeziehung auf eine neue Basis stellte. Indessen konnte diese Basis keine andere sein als die mit ihm selbst gegebene. Denn was er zu sagen und zu bewirken hatte, war, in letzter Vereinfachung gesprochen, er selbst, und das, was ihm in seiner Vision nach der Taufe mit dem Wort von der Gottessohnschaft zugesprochen worden war. Weil er sie als die denkbar größte Gabe empfunden und entgegengenommen hatte, verband sich für ihn damit die Aufgabe, sie weltweit weiterzugeben und den Aufnahmebereiten zu übereignen. Doch dafür bedurfte es einer Metapher, die dies ohne die naheliegende Gefahr, der Gotteslästerung bezichtigt zu werden (Joh 10, 33), sagbar machte. Aufgrund seiner vermutlich schon im Wüstenaufenthalt erfolgten Identifizierung mit der Himmelsgestalt des Menschensohns, dem (nach Dan 7, 14) die Heraufführung des Gottesreichs aufgegeben war, fand er diese in der Vokabel »Reich Gottes«, die er fortan als Metapher seiner selbst verwendete und so mit sich selbst als Inhalt füllte. Da sich dieses »Reich«, wie er den ihn danach befragenden Pharisäern erklärt, jeder Einordnung und Veranschaulichung entzieht

(Lk 17, 20 f), muß er es in einer neuen Sprache zum Leuchten bringen: in der seinem dichterischen Ingenium ohnehin naheliegenden Bildsprache seiner Gleichnisse. Mit ihnen greift er nicht etwa nach den Sternen, sondern nach den Gegebenheiten der ihn umgebenden Arbeits-, Geschäfts- und Lebenswelt, um das im Grunde Unsagbare – sich selbst – sagbar zu machen und die Hörer für das in ihm angebrochene Gottesreich zu gewinnen. Mit ihnen läßt er dieses Reich aber nicht nur vor ihrem inneren Auge erstehen; vielmehr verhilft er ihnen damit auch zum Eintritt, sofern er mit ihnen die dafür erforderliche Umkehr der Gesinnung und Haltung, die Metanoia, bewirkt. Denn Gleichnisse wie das vom guten Hirten (Lk 15, 3–7) oder das von den Weinbergarbeitern (Mt 20, 1–16) kann man nicht hören, ohne von ihnen nicht zum Wandel der ganzen Denkungsart bewogen zu werden. In zwei seiner Gleichnisse tritt er sogar aus der Szenerie erkennbar hervor: im Gleichnis vom fürbittenden Weingärtner (Lk 13, 6–9), das von seiner verzweifelten Liebe zu dem von ihm vergeblich umworbenen Volk spricht, und im Gleichnis vom dienenden Herrn (12, 35–38), das sich wie eine Illustration seines Wortes: »Der Menschensohn ist nicht gekommen, um sich bedienen zu lassen, sondern um zu dienen« (Mk 10, 45) ausnimmt.

Dem performativen Grundzug seiner Gleichnisse entsprechend verfügt Jesus aber nicht nur über die ganze Palette der Normalsprache, sondern auch über die »Tatsprache« seiner Wunder. Denn seine Wunder sind getätigte Gleichnisse, so wie diese erzählte Wunder sind. Deshalb verfolgen sie auch dasselbe Ziel wie jene: die Herauffführung des Gottesreichs. Im Disput mit seinen gehässigen Gegnern, die ihn des Satansbundes bezichtigten, erklärt er: »wenn ich aber durch den Finger Gottes die Dämonen austreibe, ist doch das Reich Gottes schon zu euch gekommen« (Lk 11, 20). Das kündigt sich dadurch an, daß Jesus seine Wunder als eine synergetische Gemeinschaftsleistung versteht. So ansatzweise schon bei der Heilung des Gichtbrüchigen, dessen Freunde das Dach aufbrachen, um ihn auf einer Trage vor die Füße Jesu herabzulassen; denn nun heißt es ursprünglich: »Als Jesus ihren Glauben sah, sprach er zu dem Gelähmten: Steh auf, nimm deine Trage und geh nach Hause!« (Mk 2, 5.11). Sodann erst recht in der Szene mit der Syrophönikierin, in der Jesus, überwältigt von dem unbeirrbaren Glauben der Bittstellerin, die ihm gezogene Grenze überschreitet, um das erbetene Wunder geschehen zu lassen. Wenn er ihre Bitte mit dem Wort erfüllt: »Frau, dein Glaube ist groß; was du willst, soll geschehen« (Mt 15, 28), gibt er zu verstehen, daß er mit der Bittenden in eine Kooperation eingetreten ist, so daß das Wunder geradezu eigengesetzlich, als Ereignung des Gottesreichs, geschieht. Es liegt in der Konsequenz dieser Abfolge, daß auf dem Höhepunkt der Wundertätigkeit er selbst wie in den von ihm handelnden Gleichnissen zum Gegenstand seines Wunderwirkens wird. Das ist der Fall im johanneischen Bericht von der Auferweckung des Lazarus (Joh 11, 17–44), in dem sich Jesus in Gestalt dieses Doppelgängers (*Beyschlag*) gegenübertritt, um sich in symbolischer Vorweg-nahme seiner Auferstehung aus dem Grab herauszurufen (11, 43 f).

Auf die Frage nach der Wirkung dieser so machtvoll getätigten Heilspredigt gibt der Johannesevangelist die deprimierende Antwort: »Obwohl er so viele Zeichen vor ihren Augen gewirkt hatte, glaubten sie nicht an ihn« (Joh 12, 37). Damit nimmt er die Aussage des Prologs nochmals auf: »Er kam in sein Eigentum; doch die Seinen nahmen ihn nicht auf« (1, 11). Die Finsternis verweigert sich dem Licht; der Kranke schlägt die Hand, die ihn heilt. Doch die Wunder Jesu haben noch jene andere Funktion, auf die seine Antwort auf die Täuferanfrage verwies. In der Tatsache, daß Blinde sehen, Lahme gehen, Taube hören und Tote auferstehen, tritt das Gottesgeheimnis ins Licht; mehr noch: in ihnen legt Gott nochmals Hand an die der Nichtigkeit unterworfene und in Wehen liegende Welt, um sie sich anzuverwandeln und dem Ziel der universalen Gotteskindschaft entgegenzuführen (Röm 8, 19–23). Doch das darf nicht nur erhofftes Fernziel bleiben, vielmehr muß es den von der Finsternis Geblendeten auch vor Augen geführt werden. Mit visionärer Kraft leuchtet das in der Szene von der Verklärung Jesu auf.

Domitilla-Katakombe: Christus als Lehrer

Der Lehrer und die Lehre

Das fragmentarische Fresko der Domitilla-Katakombe zeigt den in eine leuchtende Toga gekleideten Christus im Zentrum seiner Jünger, denen er mit weit ausladender Geste seine in einer aufgeschlagenen Schriftrolle aufgezeichnete Lehre verkündet. Während die Jünger zu seiner Linken, nach ihren Gesten zu schließen, einen eher betroffenen und nachdenklichen Eindruck erwecken, achten die zu seiner Rechten, wie deren Gesten verdeutlichen, aufmerksam auf ihn und reagieren damit auf das an sie ergangene Wort. Angesichts der ungleich häufigeren Wunderszenen verdient das Fresko schon aufgrund seiner Seltenheit und seiner kompositorischen Gestaltung, aber auch wegen der von Jesus geradezu demonstrativ hervorgehobenen Schriftrolle besondere Aufmerksamkeit. Denn es unterstellt, daß Jesus wie ein antiker Philosoph, Sokrates ausgenommen, bei seiner Lehre auf deren schriftliche Fixierung zurückgreift. Damit widerspricht es aber den tatsächlichen Verhältnissen. Denn das Christentum nahm seinen Anfang als rein orale Religion, da Jesus trotz der Versicherung des Johannesevangelisten, daß er in der Szene mit der Ehebrecherin »mit dem Finger in den Sand« geschrieben habe (Joh 8, 6 ff), tatsächlich weder selber schrieb noch den Auftrag zur Niederschrift seiner Worte gab, sondern ausschließlich auf die Macht seines gesprochenen Wortes setzte.[25]

Erst unter dem Einfluß der hochentwickelten griechisch-römischen Schriftkultur im Umfeld des entstehenden Christentums, vor allem aber unter dem Eindruck der wegsterbenden »Augenzeugen und Diener des Wortes« (Lk 1, 2) und der mit ihm konkurrierenden Gnosis, wurde der Zwang zur Schriftlichkeit unausweichlich.[26] Im Vorgriff darauf wurde bereits die zunächst mündlich tradierte Logiensammlung, auf die sich die Wandercharismatiker bei ihrer Missionierung der zerstreut lebenden Hausgemeinden stützten, in eine schriftliche Form gebracht (Robinson)[27]. Wesentlichen Anteil an dieser Entwicklung nahm sodann Paulus, der sich bei seiner weiträumigen Missionstätigkeit wiederholt genötigt sah, diese durch Briefe an die mitunter weit entfernten Gemeinden zu unterstützen. Da er aufgrund seiner Bekehrung als »Spätgeburt« (1 Kor 15, 8) kaum über ausführliche Kenntnisse der Lebensgeschichte Jesu verfügte, könnte von seinem Briefwerk ein zumindest zusätzlicher Anreiz zur Ausarbeitung der Evangelien ausgegangen sein.

Obwohl diese nach der Versicherung des Johannesepilogs nur Fragmente des von Jesus Verkündeten und Gewirkten enthalten (Joh 21, 25), vermitteln sie doch in zahlreichen Logien, in Teilen der Bergpredigt und den sie einleitenden Seligpreisungen (Lk 6, 20 ff), insbesondere aber in den wenngleich gekürzt überlieferten Gleichnissen einen Eindruck von der Suggestivität und Wirkmacht seines durch seine Wundertätigkeit bekräftigten Wortes. Deshalb kommt es entscheidend darauf an, aus seinen Worten deren performativen Klang, zumal aber ihn selbst als das in die Welt hineingesprochene Gotteswort herauszuhören, wie es sein Gestus im Fresko der Domitilla-Katakombe nahelegt.

5

Verklärt und erhoben

Das Christentum gäbe es nicht, wenn Jesus nicht auferstanden wäre; und vom Christentum wüßten wir, abgesehen von einigen dürftigen Hinweisen bei Tacitus und Sueton, also aus heidnischer Quelle, ebenso wenig, wenn er nicht auferstanden wäre. Denn im Fall, daß sich von Jesus nur die Erinnerung an einen gescheiterten Messiasprätendenten nach Art des Theudas oder von Judas dem Galiläer (Apg 5, 35 ff) erhalten hätte, wäre von ihm allenfalls die Erinnerung an einen untergegangenen Illusionisten geblieben. Wenn sein Leben somit mit dem ebenso schrecklichen wie entehrenden Kreuzestod geendet hätte, wäre niemand auf den Gedanken gekommen, den Lebensspuren des scheinbar so furchtbar Gescheiterten nachzugehen und aufgrund dieser Relikte Evangelien zu verfassen. Jesus wäre wie so viele von der Geschichte Übergangene der Vergessenheit anheimgefallen.

Doch in seinem Fall kam alles ganz anders. Weil er trotz seines Kreuzestodes als lebend und sieghaft erfahren wurde, wurde von ihm, mit *Edward Schillebeeckx* gesprochen, die »Geschichte von einem Lebenden« erzählt.[28] Ihren Niederschlag fand diese Erzählung schon in der Spruchquelle, die deshalb (mit *James M. Robinson*) als das »literarische Osterwunder« bezeichnet werden kann. Erst recht gilt das von den darauf aufbauenden und aus anderen Quellen schöpfenden Evangelien. Das zeigt sich insbesondere daran, daß die Auferstehung Jesu das ganze Evangelium wie die übrigen Schriften wie ein Goldglanz durchzieht, und das bis hinein in die Weihnachtsgeschichte. Denn der Glanz, der die Engel bei der Verkündigung der Geburt Jesu umstrahlt, entstammt dem Osterlicht. Durchstrahlt von der Glorie seiner Gottessohnschaft tritt hier seine Wahrheit antlitzhaft, mit *Augustin* gesprochen, als facies veritatis, in Erscheinung.[29] Wenn sich für das von den Engeln verkündete Kind »kein Platz in der Herberge« außer dem im Futtertrog der Tiere findet, spricht die Geburtsszene freilich ebenso unmißverständlich von seinem Ende »außerhalb des Stadttors« (Hebr 13, 12 f), am Ort der Schmach.[30]

Um so strahlender erhebt sich aus dieser Verdunkelung das den ganzen Lebensweg Jesu verklärende Osterlicht. Von keiner Szene gilt das so sehr wie von der der Verklärung Jesu.[31] Wie die als Selbsterweckung zu verstehende Auferweckung des Lazarus (Joh 11, 1–44) hat auch sie als eine in die Lebensgeschichte Jesu vorverlegte Ostergeschichte zu gelten.[32] Als solche erscheint sie schon dadurch, daß sie in auffälligen Zügen der Ostererscheinung Jesu auf dem von Jesus bezeichneten Berg entspricht, mit der das Matthäusevangelium schließt (Mt 28, 16–20).[33] Wie es Raffael in seiner Darstellung nachempfunden und auf suggestive Weise dargestellt hat, spricht die Szene von der Entrückung Jesu in den »göttlichen Bereich« (*Teilhard de Chardin*). Wie dem Raum ist er aber auch der Zeit überhoben. Zum Beweis dessen tauchen aus grauer Vergangenheit zwei Schlüsselgestalten der Vorzeit, Mose und Elija, die Repräsentanten von Gesetz und Prophetie, auf, um mit ihm über sein bevorstehendes Ende in Jerusalem zu reden (Lk 9, 31). Diesem Ende ist Jesus in dieser visionären Szene bereits entrückt und in die Lebensgemeinschaft mit seinem Gott aufgenommen, der ihn den »Wehen des Todes« entriß und in ein Sohnesverhältnis zu sich aufnahm (Apg 2, 24).[34] So bezeugt es die von Paulus aufgenommene Traditionsformel: »Er entstammt dem Fleische nach dem Geschlecht Davids, dem Geist der Heiligkeit nach aber wurde er eingesetzt zum Gottessohn mit Macht gemäß der Auferstehung von den Toten« (Röm 1, 3 f).[35] Bei der Verklärung Jesu bestätigt das die Himmelsstimme, die das, was Jesus (nach Mk 1, 11) bei der Taufe persönlich, wenngleich ohne Zeugen, zugesprochen worden war, nun den Zeugen seiner Verherrlichung mit der Proklamation zuspricht: »Dies ist mein geliebter Sohn, an dem ich mein Wohlgefallen habe; auf ihn sollt ihr hören« (Mt 17, 5). Dieser Zuspruch tritt alsdann auch visuell in Erscheinung, wenn das Antlitz des Verklärten »wie die Sonne« erstrahlt (Mt 17, 2).[36]

Der Glanz dieses Angesichts strahlt aber nicht nur ins Evangelium zurück, so daß alle ihn antizipierenden Stellen aufleuchten; vielmehr strahlt er auch in den visionären Szenen der Lebensgeschichte Jesu fort, von denen er sich auf sein gesamtes Lebenswerk ausdehnt. Den ersten Missionserfolg der von ihrer Tätigkeit zurückkehrenden Jüngern bestätigt Jesus mit dem visionären Wort: »Ich sah den Satan wie einen Blitz vom Himmel fallen« (Lk 10, 18), während er den Jüngern schon bei ihrer Berufung verheißt: »Ihr werdet den Himmel offen und die Engel Gottes über dem Menschensohn auf- und niedersteigen sehen« (Joh 1, 51).[37] Das greift von der Lebensgeschichte Jesu über auf seine geistgewirkte Wirkungsgeschichte; denn der Pfingsttag kennt nach *Herman Schell* keinen Abend, weil seine Sonne, der Heilige Geist, nie untergeht.[38]

Wenn es noch einer ausdrücklichen Bestätigung der österlichen Herkunft dieser Aussagen bedürfte, würde sie vor allem durch das optische Osterzeugnis des Apostels Paulus erbracht. Wie ihm (nach Gal 1, 16) in seiner Damaskusstunde das Offenbarungsgeheimnis Gottes zugesprochen wurde, leuchtete es ihm (nach 2 Kor 4, 6) im Antlitz Christi auf.[39] Und das wirkt sich ebenso nach außen wie nach innen aus. Nach außen durch den augesprochenen Zug ins Missionarische. Vor allem aber nach innen in Gestalt seiner Auswirkung aufs Evangelium. So wirkt die Szene von der Verklärung Jesu, vor allem in der von Matthäus gebotenen Sicht (Mt 17, 2), wie eine szenische Entfaltung des paulinischen Damaskuserlebnisses. Gleiches gilt aber auch von dem schon in der Logienquelle überlieferten Jubelruf Jesu (Lk 10, 21 f; Mt 11, 25 ff), der sich wie die Innensicht der Verklärungsszene ausnimmt. Vom Geist erfüllt, ruft Jesus in dieser Stunde beglückter Ergriffenheit: »Ich preise dich, Vater, Herr des Himmels und der Erde, daß du dies den Weisen und Klugen verborgen, Unmündigen aber geoffenbart hast. Ja, Vater, so war es dein Wille. Alles ist mir von meinem Vater übergeben; niemand kennt den Sohn als nur der Vater und niemand den Vater als nur der Sohn und der, dem es der Sohn offenbaren will.«[40]

Was die Himmelsstimme auf dem Berg der Verklärung proklamiert, wird hier auf die ewige Zwiesprache von Sohn und Vater zurückgenommen und damit auf den göttlichen Ursprung des Dialogs. Beide, Vater und Sohn, haben sich unablässig und ewig sich selbst zu sagen. Sie überströmen sich gegenseitig an Mitteilungsbedürfnis und Mitteilungsdrang, da sie einander in ewiger Liebe zugehören und diese einander zugleich ewig schuldig sind. Deshalb ist das Höchste, was von ihnen zu sagen ist, der Gipfelsatz des großen Johannesbriefs, daß Gott »Liebe« ist (1 Joh 4, 8 ff).[41] Diese Liebe ist nicht nur »stark wie der Tod« (Hld 8, 6), sondern stärker als er in seiner Vernichtungsgewalt und daher auch der Gegensatz zu seiner Negativität.[42] Wie sich am Kreuz Jesu manifestiert, ist diese in ihrer »Torheit« und »Schwäche« der Inbegriff göttlicher Weisheit und Stärke (1 Kor 1, 25), wie es sich an der Erwählung des welthaft gesehen »Törichten« und »Schwachen« zeigte. Eine »Revolutionierung« nicht nur der gesamten »Denkungsart«, sondern aller Seinsverhältnisse war die Folge.

Doch die Tatsache, daß sich Vater und Sohn ewig sich selbst zu sagen haben, beleuchtet nur die eine Seite ihres Verhältnisses. Die andere besteht darin, daß sich zwischen ihnen immerfort das »Wunder des Verstehens« (*Gadamer*) ereignet; denn »niemand kennt den Sohn als nur der Vater, und niemand kennt den Vater als nur der Sohn und wem es der Sohn offenbaren will« (Lk 10, 22).[43] Weil aber auch dies in der als diffusivum sui ipsius zu verstehenden Liebe begründet ist und weil die Liebe auf Mitteilung drängt, nimmt hier das Offenbarungsgeschehen seinen Ausgang. Denn »keiner hat Gott je gesehen«; deshalb brachte der vom Herzen des Vaters gekommene eingeborene Gottessohn den Menschen die rettende Kunde (Joh 1, 18).[44] Was vom Herzen Gottes ausgeht, zielt seiner ganzen Intention nach auf das Menschenherz. Dort ist der »Himmel«, dem es als letztem Ziel seines Liebeswillens entgegenstrebt.

Der Göttliche und der Mensch

Als Raffael am Karfreitag des Jahres 1520 unerwartet früh gestorben war, wurde das Bild der Verklärung Jesu, das sich noch im Atelier befand, am Kopfende seiner Bahre und damit als sein Vermächtnis an die Nachwelt aufgestellt. Es gehört zu den überragenden Meisterwerken der Kunstgeschichte, denen es gegeben ist, die Vorstellungswelt der Betrachter zu verändern. Zwar war er nicht der erste, der den Verklärten im Unterschied zu der bis zu ihm hinaufreichenden Tradition schwebend darstellte; doch geschah dies in seinem Verklärungsbild mit solcher Suggestivität, daß es die Vorstellung von der Transfiguration mit geradezu archetypischer Wirkung prägte, obwohl im biblischen Bericht davon nicht die Rede ist. Dagegen gelang es auch Raffael nicht, das Antlitz Jesu diesem Bericht entsprechend »wie die Sonne« erstrahlen zu lassen (Mt 17, 2). Dafür stellte er den Verklärten in Orantenhaltung dar, so daß seine Verwandlung im Sinn des Lukasberichts als Folge eines Gebetserlebnisses erscheint (Lk 9, 28 f).[45] Der von ihm ausgehende Glanz wird dadurch veranschaulicht, daß die drei – kanonischen – Zeugen des Ereignisses, Petrus, Jakobus und Johannes im Zustand geblendeter Überwältigung dargestellt sind, deren sie sich vergeblich zu erwehren suchen. Nur zwei Randfiguren, die Raffael wohl aufgrund des Festkalenders vom Fest der Verklärung hinzufügte, halten der Lichteruption stand, in die die Gestalt des Verklärten eingetaucht ist. Das gilt erst recht von seinen aus ferner Vergangenheit auftauchenden Gesprächspartern Mose und Elija, die förmlich in seine Erscheinung hineingerissen sind.

Im Unterschied zu den traditionellen Darstellungen gewinnt das Verklärungsbild Raffaels dadurch ungemein an Spannkraft und Dramatik, daß er die Folgeszene von der Heilung des besessenen Jungen (Mt 17, 14–18) in seine Darstellung einbezieht.[46] Sie bildet so den dunklen Vorder- und Untergrund, von dem sich das Lichtgeschehen im oberen Bildteil abhebt. Hier schildert der Meister den vergeblichen Versuch der Jünger, den von seinem Vater herbeigeführten und von einem Anfall gepeinigten Jungen von seinem Dämon zu befreien. Fast in der Bildachse erscheint die wie eine Heroine gestaltete Mutter, die mit dramatischer Geste auf den gequälten Jungen hinweist und einem mit einem Buch befaßten Jünger damit die Vergeblichkeit seiner Bemühung vor Augen führt. Aus der Reihe der diskutierenden Jünger ragt einer hervor, der mit ausgestrecktem Arm, aber ohne diesen Gestus zu begreifen, auf das Geschehen auf dem Berg emporweist.

Raffaelo Santi: Die Verklärung Jesu

Gleiches gilt von dem besessenen Jungen, der instinktiv zu seinem Retter auf-
schaut. So stehen sich die von Sorge, Leid und vergeblichem Bemühen geprägte
Menschenwelt und das Himmelsgeschehen in schroffen Gegensatz und doch nicht
unverbunden gegenüber.

Mit diesem Einbruch einer jenseitigen Lichtregion in die von Sorge, Mühen und
Konflikten bestimmte Menschenwelt nimmt Raffael auf intuitive Weise vorweg,
was die theologisch gedeutete Verklärungsszene besagt. Danach handelt es sich
bei ihr nicht um eine historische Episode im Leben Jesu, sondern um eine vorweggenommene Osterszene. Denn das Evangelium ist seiner ganzen Herkunft nach
von der Auferstehung Jesu her bestimmt. Nur sie erklärt, daß der scheinbar total
Gescheiterte und (nach Gal 3, 13) sogar religiös Geächtete im Andenken der Seinen
derart auflebte, daß am Ende eines langen Erinnerungsprozesses sogar Bücher
über ihn verfaßt wurden. Das aber hatte zur Folge, daß dieser Grund auch auf die
Darstellung durchschlug, am eindrucksvollsten in der Verklärungsszene, die sich
somit als eine in den ganzen Kontext des Menschseins hineinstrahlende Ostergeschichte erweist. Nach Raffael gilt dasselbe aber gerade auch von der im Vorder-
grund der Verklärungsszene geschilderten Not und Ratlosigkeit der sich selbst
überlassenen Menschenwelt. Wer so wie die von ihm hervorgehobenen Haupt-
akteure, also so wie der besessene Junge und seine um ihn bangenden Eltern vom
Leid der Welt betroffen ist und so wie die Jünger sich vergeblich um seine Bewältigung bemüht, sollte zu dem aufblicken, der in seiner Auferstehung den Tod und
seine Vorboten überwunden hat und der Paulus zu dem Ausruf bewog:
»Verschlungen ist der Tod vom Sieg. Tod, wo ist dein Sieg? Wo ist, o Tod, dein
Stachel? Dank sei Gott, der uns den Sieg verleiht durch Jesus Christus, unsern
Herrn« (1 Kor 15, 54 f.57).

6

Betend und bewundert

Nach *Friedrich Heiler* ist Jesus der Vollender der alttestamentlichen Gebetsfrömmigkeit und als solcher der »gewaltigste Beter der Geschichte«
(*Wernle*).[47] Wie seine wiederholt bezeugte Vorliebe für Bergeshöhen beweist,
drängt es ihn über die Sphäre des Alltags hinaus in die Bergeinsamkeit, wo er
sich betend in das Geheimnis seines Gottes und seiner selbst vertieft. Dort hat
er den Schwerpunkt seines Lebens, an den er hingerissen und in dem er verankert ist; und dort hat er (nach Lk 12, 34) seinen »Schatz«, für den sein Herz
schlägt. Nach seinem Jubelruf (10, 21) erlebt er dort seine niemand sonst
bekannte Identität und seine keinem andern erreichbare Einweihung in das
Wissen um den Vater, dort stellt sich ihm aber auch seine Aufgabe, dieses
Wissen den Menschen kundzutun. Wie es nicht anders sein kann, liegt über
diesem betenden Umgang mit seinem Gott ein dichter Schleier, der nur wenige Einblicke verstattet. Nach Auskunft des dafür besonders aufschlußreichen
Lukasevangeliums gehört dazu schon die mächtige Faszination, die den
Zwölfjährigen im Tempel überkommt und ihn die Heimkehr vergessen läßt
(2, 49), sodann die Entscheidung über die in seine engere Gefolgschaft aufzunehmenden Jünger (6, 12–16). In der Bergeinsamkeit erlebt er gleicherweise
auch die große Identitätskrise, die durch das Messiasbekenntnis des Petrus
behoben wird (9, 18 ff), und dort beantwortet er die Bitte der ihn bei seinem
Beten beobachtenden Jünger, sie ebenso wie der Täufer beten zu lehren, mit
dem Vaterunser, mit dessen ersten Bitten er sie förmlich in sein eigenes Beten
hineinnimmt, so daß davon auf dieses zurückgeschlossen werden kann.[48] An
dessen Spitze steht die nur dem Sohn verstattete, jetzt aber auch den Jüngern
auf die Lippen gelegte Anrufung Gottes mit der ehrfürchtigen Zärtlichkeitsanrede »Vater«, gefolgt von der Bitte um die Heiligung, verstanden als die
weltweite Kundgabe dieses Namens, und gekrönt von der Bitte um die
Heraufführung des Gottesreichs (11, 1 f).

Wer so die Seinen beten lehrt, steht aber nicht mehr in einer Reihe mit
ihnen, so daß er gleich ihnen bitten müßte. Das verdeutlicht das johanneische
Abschiedsgebet, auf dessen Höhe der Beter aus der Rolle des Fürsprechers
hervortritt, um mit seinem machtvollen »Ich will« die Schau seiner Herrlichkeit für die Seinen einzufordern (Joh 17, 24).[49] Dem entspricht die

Verwandlung, die sich auf dem Berg der Verklärung ereignet (Mk 9, 2). Durchleuchtet vom Glanz seiner österlichen Herrlichkeit erstrahlt sein Antlitz »wie die Sonne« (Mt 17, 2), während aus dem Dunkel der Geschichte Mose und Elija hervortreten, um mit ihm zu ihm von seinem bevorstehenden Ende zu sprechen (Lk 9, 30 f). Im Licht der Darstellung, mit der *Raffael* sein Lebenswerk krönte, wirkt die Verklärungsszene wie eine Ikone, die den betenden Jesus vergegenwärtigt. In ihr ist er definitiv hineingenommen in die göttliche Sphäre: »geoffenbart im Fleisch, gerechtfertigt durch den Geist, geschaut von den Engeln, verkündet den Heiden, geglaubt in der Welt, aufgenommen in die Herrlichkeit« (1 Tim 3, 16). Was in dieser Szene in Erscheinung tritt, ist die schaubar gewordenen Selbstzusage Gottes, der sich dem Verklärten und den Zeugen des Geschehens mit dem Wort mitteilt: »Dies ist mein geliebter Sohn, ihn sollt ihr hören« (Mk 9, 7). Es ist die sichtbar gewordene Erhörung des von Jesus an den Vater gerichteten Gebets, der darauf in der Weise antwortet, daß er sich in ihm in die Welt hinein ausspricht. Auf der Höhe des Ölbergs (14, 26) wird das Gebet Jesu schließlich zum angstvollen Ringen um den ihm vom Willen des Vaters gereichten Kelch des Leidens (14, 36), das ihm (nach Lk 22, 44) den Blutschweiß auf die Stirn treibt und zuletzt mit seiner Ergebung in den väterlichen Willen endet.

Von der Macht seines Gebets berichtet schließlich die Auferweckung des Lazarus (Joh 11, 41–44), in der sich Jesus in Gestalt seines Doppelgängers im Vorgriff auf seine Auferstehung selbst aus dem Grab herausruft. Wie in einer Schnittstelle laufen in dieser Szene alle Linien des Wunderwirkens Jesu, angefangen von seinen Dämonenaustreibungen bis hin zu seinen Aussätzigenheilungen und Totenerweckungen, zusammen. Und in diesem Brennpunkt erscheint er nun selbst als das einzigartige und alle seine Machterweise überstrahlende Gotteswunder. Das entspricht der These *Eduard Schweizers*, der den Gleichniserzähler Jesus »das Gleichnis Gottes« genannt hat.[50] Gerechtfertigt wird diese Bezeichnung durch die Tatsache, daß sich Jesus im Zentrum seiner Gleichnisse zweimal, im Gleichnis vom dienenden Herrn (Lk 12, 35–38) und in dem vom fürbittenden Weingärtner (13, 6–9) selbst in Szene setzt. Denn alle seine Worte weisen zurück auf das Wort, das er nicht nur ausspricht, sondern (nach Joh 1, 1) in leibhaftiger Wirklichkeit ist. Gleiches gilt nun auch von seinem Tun. Denn der ihn bewegende Impuls äußert sich noch vor seinem Reden, so sehr dies seinem innersten Drang entspricht, zuvor und primär in seinem Heilswirken. Wie die Heilung des von vier Freunden hereingetragenen Gelähmten zeigt, bedarf es nicht einmal der verbalen Kommunikation. Vielmehr genügt nach der Urfassung der Perikope schon der Anblick des Kranken und der um seine Rettung bemühten Freunde (Mk 2, 9–18), um die Heilkraft in Jesus freizusetzen. Höchst eindrucksvoll ist dafür die Szene, in der Jesus nach Sonnenuntergang allen vor seiner Haustür versammelten Kranken und Besessenen die heilende Hand auflegt (1, 32 ff). Das schlägt letztlich auf sein Erscheinungsbild zurück. So sehr er bei alledem »wohltatenspendend das Land durchzog« und die von Krankheiten Gepeinigten von ihrer Not befreite (Apg 10, 38), entstammte sein Wirken zuletzt doch nicht so sehr dem eigenen Zutun als vielmehr der sich in ihm ereignenden Gottestat. So ist er ebenso sehr wie das »Gleichnis Gottes« das in ihm nie genug zu bestaunende »Gotteswunder«.

Im höchsten Maß gilt das aber vor allem von seiner krönenden Lebenstat: seinem Leiden und seiner Auferstehung. Entgegen der der alttestamentlichen Denkweise entstammenden Neigung, sie als faktizistischen Eingriff ins Weltgeschehen zu deuten und damit nach Ansicht von *David Friedrich Strauß* »jede Geschichte unmöglich zu machen«, muß sie aus paulinischer (Phil 2, 9) und johanneischer Sicht (Joh 12, 32) als »Erhöhung« und Einsetzung Jesu in seine Gottessohnschaft (Röm 1, 4) gedacht werden.[51] Denn Gott beantwortet den Todesschrei des Gekreuzigten anstatt mit dem von ihm erwarteten Eingriff mit sich selbst, also dadurch, daß er den Gekreuzigten in seine Lebensfülle aufnimmt. So entspricht es der Vorstellung von einem bisweilen durch das Weltgeschehen hindurchgehenden »Ruck« und der Einsicht, daß sich Gott zur Geschichte nicht wie zu seiner Schöpfung als »Creator«, sondern als »Genitor« verhält.[52] So aber erscheint Jesus vollends als das alle göttlichen Machttaten überstrahlende Gotteswunder, dessen Glanz vor allem darin besteht, daß es allen zugute kommt. Wer an ihn glaubt, ist durch ihn über sich hinausgehoben, beglückt und geheilt, und dies insbesondere in der Weise, daß er durch ihn der schlimmsten Folgen der menschlichen Todverfallenheit, Angst und Sorge, und sogar dieser selbst überhoben ist.

7
Redend und erzählend

Von dem, der im Prolog des Johannesevangeliums das uranfängliche Wort (Joh 1, 1) genannt wird, darf erwartet werden, daß sich seine Lebensleistung vor allem im Reden bekundet. Das bestätigen die im Johannesevangelium zur Festnahme Jesu ausgesandten, aber unverrichteter Dinge zurückkehrenden Gerichtsdiener mit der Entschuldigung: »Noch nie hat ein Mensch so geredet« (Joh 7, 46). Und das bestätigt das Markusevangelium mit dem Wort, daß er »mit Vollmacht lehrte und nicht wie die Schriftgelehrten« (Mk 1, 22), und kurz danach nochmals mit dem Bericht von seinen Hörern, die sich bestürzt fragen: »Was ist das? Eine neue Lehre, und sie wird mit Vollmacht vorgetragen« (1, 27). Von der Wirkmächtigkeit seines Wortes vermitteln die lukanischen Seligpreisungen einen Eindruck, in denen es heißt: »Er richtete seine Augen auf die Jünger und sagte: Selig, ihr Armen; euch gehört das Reich Gottes. Selig, ihr Hungernden; ihr werdet satt sein. Selig, ihr Weinenden; ihr werdet lachen« (Lk 6, 20 f). Sie gehen in ihrer Urgestalt auf den historischen Jesus zurück, obwohl sie in dieser Form der nachösterlichen, von der Parusieerwartung durchglühten Verkündigung entstammen (*Schenke*).[53] Als »gewaltigster Beter der Geschichte« richtete er seine Sprachgewalt in erster Linie auf Gott. Und das vor allem in seinem schon in der Spruchquelle überlieferten Jubelruf: »Alles ist mir von meinem Vater übergeben. Niemand kennt den Sohn als nur der Vater und niemand den Vater als nur der Sohn, und wem es der Sohn offenbaren will« (Lk 10, 22), mit dem er ein ausschließliches Einverständnis mit dem Vater für sich in Anspruch nimmt. Dieser Jubel schlägt im Gebetskampf Jesu in Getsemani in einen Notruf um (22, 42), um schließlich in seinem unartikulierten Todesschrei (Mk 15, 37) auszuklingen.

Die Sprachbegabung Jesu äußert sich aber vor allem in der Schaffung seiner Bildworte und Gleichnisse, mit denen er das sich (nach Lk 17, 20) jeder Veranschaulichung und Einordnung entziehende Gottesreich, zu dessen Heraufführung er sich berufen wußte, in Szene setzte.

Dabei entstammen die Bildworte nicht zuletzt der Wüstenflora und Fauna, so die Rede von den am Rand der Wüste wachsenden Anemonen, »den Lilien des Feldes« (12, 27), so die Mahnung, klug zu sein wie die sich wie Steine tarnenden Schlangen (Mt 10, 16), dem bittenden Kind keinen Skorpion zu geben anstelle des erbetenen Eis (Lk 11, 12) und auf die sich über einem Aas versammelnden Geier zu achten (Mt 24, 28).[54] Ebenso greift er bei seiner Ankündigung des Gottesreichs nicht nach den Sternen, sondern in den Staub der Alltagswelt mit ihren säenden (Mt 13, 18–23), pflügenden (13, 44) und erntenden Bauern (Mt 13, 30), ihren backenden (13, 44) und putzenden Frauen (Lk 15, 8), ihren Fischern (Mt 13, 47) und Händlern (13, 45), ihren Betrügern (Lk 16, 1–8) und Richtern (18, 1–8), ihren Kindern (7, 31–35) und Hirten (15, 3 f), ihren Geldgebern (19, 11–27) und Einbrechern (12, 39 f), ihren Pharisäern und Zöllnern (Lk 18, 9–14), ihren Gastgebern (14, 16–24) und Bettlern (16, 19–31). In diesem Wechsel der Szenen und Figuren verlagert sich der Schwerpunkt zusehends auf den Erzähler, so daß im Schnittpunkt des Gesagten schließlich Jesus selbst als »das Gleichnis Gottes« (*Schweizer*) zum Vorschein kommt.[55]

Das wird in zwei Gleichnissen manifest: im Gleichnis vom dienenden Herrn, der bei seiner späten Rückkehr von einer Hochzeitsgesellschaft von seiner Dienerschaft mit brennenden Lampen erwartet wird, und der in der Freude darüber sich gürtet und sie Platz nehmen läßt, um sie der Reihe nach zu bedienen (Lk 12, 35–38); und im Gleichnis vom besorgten Weingärtner, der sich geradezu verzweifelt für den offensichtlich unfruchtbaren Feigenbaum einsetzt – »Ich will den Boden umgraben und Dünger einlegen; vielleicht trägt er dann doch noch Früchte« –, und der im Fall der Vergeblichkeit seiner Bemühung das Umhauen dem Besitzer des Weinbergs überläßt (13, 6–9). In beiden Gleichnissen wird ein Verhalten beschrieben, das nur auf den Erzähler, also auf Jesus zutrifft. Nur er hat sich mit geradezu verzweifelter Liebe für sein Volk eingesetzt, wenngleich, wie dem tradierenden Evangelisten bewußt war, ohne sein erklärtes Ziel, die Rettung Jerusalems, zu erreichen. Und nur auf Jesus trifft zu, daß er (nach Mk 10, 45) »nicht gekommen ist, um sich bedienen zu lassen, sondern um zu dienen«.

Im Rückschluß von diesem Zentrum wird deutlich, daß es in den übrigen Gleichnissen, wie auch viele Einleitungsformeln sagen, nur um das nach Origenes als Metapher Jesu, dem »Gottesreich in Person«, zu verstehende Reich Gottes und seine Herbeiführung gehen kann.[56] Besonders deutlich wird das im Gleichnis von den Weinbergarbeitern (Mt 20, 1–16), wenn bei der abendlichen Auszahlung die zuletzt Eingestellen denselben Lohn erhalten wie die, die unter heftigem Protest betonen, daß sie die Last und Hitze des ganzen Tages getragen haben, und die überdies wegen ihrer Beschwerde des Neides bezichtigt werden. Sie begriffen nicht, daß ihre wahre »Entlohnung« darin bestand, daß sie überhaupt im Weinberg arbeiten und so am Werk des Weinbergbesitzers mitwirken durften. Ähnliches gilt von den zum großen

Gastmahl Geladenen (Lk 14, 16–24), die die Einladung mit fadenscheinigen Gründen ausschlagen, so daß die Krüppel, Blinden und Lahmen, ja sogar die Landstreicher ihre Plätze einnehmen müssen, damit das Haus des Gastgebers vollwerde. Unverkennbar spiegelt sich die Tragik Jesu, der von den Erstberufenen abgelehnt wird und nur bei dem von den Pharisäern verfluchten »Volk der Erde« (Joh 7, 49) Zustimmung findet, in dieser Szene. Eine letzte Steigerung dessen bringt das Gleichnis von den gehässigen Winzern (Mk 12, 1–12), die die von dem Weinbergbesitzer ausgesandten Knechte mißhandeln und sich schließlich auch an seinem Sohn, in dem sie den Erben vermuten, vergreifen, ihn umbringen und aus dem Weinberg hinauswerfen. In der Parallelüberlieferung heißt es – im Wissen um den tatsächlichen Verlauf der Passion, die in der Kreuzigung Jesu außerhalb der Stadt (Hebr 13, 12) gipfelt – »Und sie warfen ihn aus dem Weinberg hinaus und brachten ihn um« (Lk 20, 15; Mt 21, 39).[57] Damit wurde das als Warnung, es doch keinesfalls zum Äußersten kommen zu lassen, gemeinte Gleichnis im Sinn des tatsächlichen Geschehens retuschiert. Das aber bestätigt aufs Neue, daß die Gleichnisse weithin als Selbstaussagen Jesu zu verstehen sind, sofern sie den Akzent nicht auf das als Metapher seiner selbst anzusehende Gottesreich legen. In beiden Fällen aber dokumentieren sie seine staunenswerte Sprachfähigkeit und seine Kunst, Göttliches im Alltäglichen aufscheinen zu lassen.

Die Heimkehr ins Vaterhaus

Keines der Gleichnisse Jesu ist so hintergründig wie das vom verlorenen Sohn (Lk 15, 11–32). Und keines hat einen so dramatischen Höhepunkt wie dessen Aufnahme durch den ihm entgegeneilenden und ihn umarmenden Vater. Rembrandt hat diese Szene in den Innenbereich des Vaterhauses verlegt, so daß weitere Gestalten daran teilnehmen, unter denen man die Mutter, den älteren Bruder und, wie André Gide, den gespannt zusehenden jüngeren Bruder erkennt. Dabei bildet das Gesicht der Mutter die Mitte des Bildes, während der ältere Bruder mit seinem Stock den Gegenpol zu den beiden Hauptfiguren markiert. Während die beiden Brüder in befremdeter und befremdender Distanz verharren, aus der nicht einmal die überraschte Mutter hervortritt, hat Rembrandt alle Dramatik und alles Leben in die beiden Hauptfiguren verlegt, deren Gegensatz nicht größer sein könnte. In kostbare Gewänder gekleidet beugt sich der greise Vater, nach seinem Gesichtsausdruck zu schließen von Mitleid überwältigt, über den zerlumpten Sohn mit seinem räudigen Kopf, der sich ihm verzweifelt ans Herz geworfen hat. Doch das Wichtigste sagen die Hände des Vaters, die sich über die Schulter des Heimkehrers gelegt haben, als wolle er wie ein Blinder fühlen, ob es wirklich sein Sohn ist, und ob er wirklich zu ihm zurückgekehrt ist. Und diese Hände geben überdies zu verstehen, daß sie den Heimgekehrten niemals mehr aufgeben und aus der väterlichen Liebe entlassen werden.

Kunstwerke von dieser Dignität übersteigen bisweilen die Intention ihres Schöpfers. So auch hier. Im Blick auf Gleichnisse wie das vom dienenden Herrn (Lk 12, 35–38) und das vom fürbittenden Weingärtner (Lk 13, 6–9), in denen sich Jesus unverkennbar selbst in Szene setzt, drängt sich der Gedanke auf, daß auch in dieser eingehendsten seiner Parabeln seine eigene Geschichte erzählt wird, beginnend mit seinem Auszug aus dem Vaterhaus und sich steigernd bis zur Erniedrigung am Schweinetrog, an dem er fürchtet, vor Hunger umzukommen, bis hin zu seiner Rückkehr, die der Vater mit dem Wort kommentiert: »Denn dieser mein Sohn war tot und lebt nun wieder; er war verloren und ist nun wiedergefunden worden« (Lk 15, 24.32). In narrativer Form ist das die Umschreibung von Tod und Auferstehung, die unwillkürlich an die Aufnahme des Gekreuzigten aus seiner Todesnot in die Lebensfülle dessen denken läßt, der (nach Hebr 5,7) seinen Notschrei mit seinem rettenden Selbsterweis und seiner Aufnahme in die Geborgenheit des Vaterhauses beantwortet.

Vor diesem Hintergrund gewinnt Rembrandts Schilderung der Aufnahme des Heimgekehrten in die Obhut des Vaters erst ihr volles Gewicht. Was er beschreibt, ist mehr als eine erschütternde Familienszene, aber auch mehr als nur die Darstellung einer bewegenden biblischen Perikope. Es ist die bildhafte Vergegenwärti-

gung der Heimkehr des Erzählers aus seiner Armut und Todesnot in die Geborgenheit des Vaterhauses. Damit ist ein Zweifaches angesprochen. Wenn es sich so verhält, kann der historische Jesus nicht der Erzähler dieses Gleichnisses sein. Dabei handelt es sich vielmehr um einen aus der Reihe der urchristlichen Charismatiker, die sich so sehr als »Mund« des fortlebenden Christus fühlten, daß sie in seinem Namen neue Herrenworte und, wie im vorliegenden Fall, Gleichnisse gestalteten. Dabei fällt, abgesehen von der »Realistik« der Erzählung, vor allem ihr Verlauf ins Gewicht, der deutlich an den Weg der Weisheit erinnert, die nach dem äthiopischen Henochbuch vom Himmel herabstieg, um bei den Menschenkindern eine Wohnung zu suchen, als sie dort aber keine Bleibe fand, an ihren Ort zurückkehrte, um wieder ihren Sitz unter den Engeln einzunehmen (Schenke).[58] Dem entspricht der Weg des »Verlorenen«, der sich fernab vom Vaterhaus zu Ausbeutern herabläßt, bis er, in bitterste Not geraten, vor Hunger zu sterben glaubt, dann aber in Erinnerung an den Wohlstand in seinem Vaterhaus den Entschluß zur Heimkehr faßt und dort wie ein Ehrengast aufgenommen wird. Damit ist zwar, denkbar drastisch, die Entäußerung des Gottessohnes in einer an den Christushymnus des Philipperbriefs erinnernden Weise beschrieben (Phil 2, 5–11), jedoch nichts von einer Leistung soteriologischer Art gesagt. Das erinnert an ein Frühstadium der Christologie, die ganz im Zeichen der Weisheit steht, jedoch nichts von einer Sühneleistung weiß, dafür aber den Weg des Gottessohnes um so plastischer beschreibt.

Für die spätere Herkunft spricht auch die distanzierte Gestalt des älteren Bruders, dessen skeptischem Blick nicht zu entnehmen ist, ob er sich mit der Aufnahme des jüngeren abfindet oder ihr gar zustimmt, so wie es auch das Gleichnis offenläßt, ob er der Einladung des Vaters zum Festmahl Folge leistet oder nicht. In diesem Zusammenhang muß berücksichtigt werden, daß sich Kunstwerke dieser Größenordnung der Chronologie entziehen und ihre Inhalte jenseits des gewohnten Zeitrahmens darstellen. Das wirft den Blick auf eine Ent-stehung der Perikope kurz vor der Synode von Jamnia, die die Trennung von Juden und Christen jüdischerseits besiegelte. Demgemäß läßt es das Gemälde nach dem Vorgang des Textes offen, ob der ältere Bruder dem Entgegenkommen des Vaters folgend am Festmahl teilnehmen wird oder nicht.

Noch rätselhafter ist die Figur des dritten Bruders, der, zum Aufbruch gerüstet, die Szene mit größter Spannung verfolgt. Keinesfalls wird er, so ist es seiner Gebärdensprache zu entnehmen, den Weg des jüngeren einschlagen. In dieser zwischen Neugier und Verachtung schwankenden Haltung erinnert er an André Gides romantisierende Paraphrase des Gleichnisses, die sich in dieser Figur der Verlockung zur Heimkehr verweigert.[59]

Bei alledem liegt ein besonderer Akzent auf der Vergegenwärtigung der Szene.

Rembrandt: Der verlorene Sohn

In dem Heimkehrer kann sich ein jeder wiedererkennen, der begriffen hat, daß es in dieser heimatlosen, hinfälligen und von Sorgen und Ängsten gepeinigten Welt keine bessere Zuflucht gibt als die in der Geborgenheit und Liebe des von Jesus entdeckten, verkündeten und erlittenen Gottes. Seine Hände sind nach einem jeden, der das begriffen hat, ausgestreckt, um ihn wie die wahrhaft sprechenden Hände von Rembrandts Vaterfigur an sich zu ziehen.

8

Liebend und geliebt

Zu Beginn der Johannespassion versichert der Evangelist: »Da er die Seinen liebte, liebte er sie bis zum Äußersten« (Joh 13, 2). Damit deutet er seinen Tod als den Exzeß seiner Liebe, gleichzeitig aber auch als die Summe, die er aus seinem ganzen Leben zog. Daß sein ganzes Leben im Licht der Liebe gesehen werden muß, bestätigt der Johannesevangelist dadurch, daß nach dem Schlußwort seines Prologs (1, 18) Jesus vom Herzen des Vaters kommt, um den Menschen Kunde von dem zu bringen, was keiner je zu Gesicht bekam: von dem Gott, der nicht nur liebt, sondern (nach 1 Joh 4, 8) »Liebe ist«.[60] Danach ist seine ganze Sendung die Folge eines göttlichen Entgegenkommens und Ausdruck der Tatsache, daß Gott, wie Jesus im Nikodemusgespräch versichert, »die Welt so sehr geliebt hat«, daß er für sie seinen Sohn hingab (Joh 3, 16). Da Jesus (nach 5, 19) nur das tun kann, was er den Vater tun sieht, und (nach 5, 30) ganz aus dem Willen des Vaters lebt, ist auch sein eigenes Leben davon durchstimmt. Die Liebe ist das »Gesetz, nach dem er angetreten« ist und dem er auf seinem ganzen Lebensweg folgt.

Man hat Jesus, und das zu Recht, den »gewaltigsten Beter der Geschichte« genannt. Er ist aber gleicherweise der größte Liebende der Menschheitsgeschichte. In der Versuchung zum raschen Tod auf Engelhänden (Lk 4, 9 f) entscheidet er sich für den schweren Weg zu den Menschen. Es ist der Weg eines Mitfühlenden, Mitleidenden und Liebenden. Demgemäß beginnt er seine Verkündigung des Gottesreichs nach Markus mit der Heilung von Besessenen (Mk 1, 21–28.32 ff), Aussätzigen (1, 40–45) und Gelähmten (2, 1–12; 3, 1–6). Und deshalb unterstreicht er sie durch seine ostentative Zuwendung zu den ins gesellschaftliche Abseits Verwiesenen wie den Zöllnern (2, 12–17), Kranken (1, 32 ff), Frauen und Kindern (5, 21–43). Was ihn dazu bewegt, ist das Mitleid mit Menschen, die ihm wie verwahrloste und hirtenlose Schafe vorkommen (Mt 9, 36). Liebe spricht aus seiner Seligpreisung der Armen, Hungernden und Weinenden (Lk 6, 20 f), vor allem aber aus seiner Verneinung des zwischen Grausamkeit und Güte oszillierenden Gottesbildes seiner angestammten Religion (*Buber*).[61] Denn in seiner Antrittsrede in der Synagoge von Nazaret unterdrückt er den im Jesajazitat angesprochenen Gott der Rache (4, 19; Jes 61, 2), auf den sich die Zeloten bei ihrer Propagierung des Freiheitskampfes beriefen. Und das verschärft er noch durch die in seiner Bergpredigt erhobene Forderung radikaler Feindesliebe (Lk 6, 35). Was das heißt, verdeutlicht er im Gleichnis vom barmherzigen Samariter, wenn der Landfremde ohne Rücksicht auf die ihm selbst drohende Gefahr dem Geheiß seines Herzens folgt und den Niedergeschlagenen und Ausgeraubten rettet (10, 33 ff); ebenso im Gleichnis vom verlorenen Sohn, wenn der Vater den Heimkehrer ohne jedes Bedenken mit offenen Armen aufnimmt (15,20–24).

Einen ersten Höhepunkt erreicht seine Liebe sodann in den beiden seinen Tod vorwegnehmenden Zeichenhandlungen: der Fußwaschung, in der er die Seinen mit sich selbst »bedient« (Joh 13, 12–17) und dem letzten Abendmahl, bei dem er sich vollends an sie hingibt (1 Kor 11, 22–26). Das kommentiert er mit dem in seinem Vollsinn genommenen Wort, wonach »keiner eine größere Liebe hat, als wenn er sein Leben für seine Freunde hingibt« (Joh 15, 15). Dieser Überschwang an liebender Hingabe konnte nur noch durch den Tod überboten werden: durch einen Tod in dessen reiner Absolutheit. Deshalb entzieht sich der Tod Jesu jeder Zwecksetzung, gerade auch der ihm durch die Sühnetheorie unterstellten. Jesus starb für nichts und niemand und in diesem Sinn umsonst. Doch gerade so wurde sein Tod zu seiner krönenden und als solche allen und allem zugute kommenden Lebenstat. Mit ihr rührt er an die Absolutheit Gottes, in die er im Akt seiner Todeshingabe hineinstirbt. Deutlicher als mit diesem zur Liebestat gewordenen Tod konnte er nicht an das Herz des Vaters rühren, der ihn dafür wie der Vater im Gleichnis vom verlorenen Sohn in das Haus seiner Seins- und Lebensfülle aufnimmt. Deutlicher konnte er aber auch die Treue zu seiner Sendung nicht bekräftigen als dadurch, daß er durch diesen Tod, wie es in seiner Nachfolge Paulus für sich in Anspruch nimmt, »allen alles geworden« ist (1 Kor 9, 22).

Jetzt wird aber auch klar, weshalb sein Sterben im Zeichen des völligen Erliegens stand, das ihm den höhnischen Zuruf eintrug: »Andern hat er geholfen, sich selbst kann er nicht helfen« (Mk 15, 21). Nur so entsprach es der Bedingungslosigkeit und Zweckenthobenheit seines Sterbens. Doch eben diese Bedingungslosigkeit war (nach Phil 2, 9) die Bedingung seiner Erhöhung. Gerade daran erwies sich, »daß das Törichte an Gott weiser ist als alle Menschenweisheit und daß das Schwache an Gott stärker ist als alle Menschenmacht« (1 Kor 1, 25). Deshalb hat dieser Tod, mit *Elmar Klinger* gesprochen, »den Tod getötet« und dadurch das Dasein insgesamt seiner todverfallenen Nichtigkeit entrissen (Röm 8, 20).[62] Denn die sich in ihm bekundende Liebe war nicht nur »stark wie der Tod« (Hld 8, 6), sondern stärker als dessen unwiderstehliche Vernichtungsgewalt. Durch nichts bewies Jesus seine Liebe zu Gott und den Menschen mehr als durch seinen Tod.

Wurde er für seine Liebe aber auch wiedergeliebt? Ausdrücklich bestätigt das Petrus dem Auferstandenen auf dessen eindringliche Frage, ob er ihn »mehr als diese« liebe (Joh 21, 15). Lebens-geschichtlich widerfuhr ihm das, als ihn liebende Mutterhände »in Windeln wickelten und in eine Krippe legten« (Lk 2, 7), als die Sünderin seine von ihren Tränen benetzten Füße küßte, mit ihren Haaren trocknete und mit Öl salbte (7, 37 f) und als Maria, die Schwester des Lazarus und der Marta, im Haus Simons des Aussätzigen seine Totensalbung vorwegnahm (Mk 14, 3–9), indem sie seine Füße mit kostbarem Nardenöl salbte und, wie eine unstimmige Bemerkung hinzufügt (*Wilckens*), mit ihren Haaren abtrocknete (Joh 12, 2 ff).[63] Sie stehen für die vielen, die ihm ihre Anhänglichkeit, Dankbarkeit und Gegenliebe dadurch bekunden, daß sie wie Petrus nicht von ihm ablassen können (6, 68), oder daß sie ihm wie der Blindgeborene mit dem Ausdruck des Glaubens zu Füssen fallen (9, 38). Wusste er sich aber auch von Gott geliebt?

Nur an einer Stelle bestätigt Jesus das, wenn er in seiner Hirtenrede erklärt: »Deshalb liebt mich mein Vater, weil ich mein Leben hingebe, um es wieder zu empfangen« (Joh 10, 17).[64] Freilich hatte die Himmelsstimme bei der Verklärung Jesu versichert: »Dies ist mein geliebter Sohn, auf ihn sollt ihr hören« (Mk 9, 7) und damit bestätigt, was sie schon in der Taufszene mit dem Anruf »Du bist mein geliebter Sohn« (1, 11) vorweggenommen hatte. Diese Liebe führt zunächst zu einer einzigartigen Mitwisserschaft von Vater und Sohn; denn »niemand kennt den Sohn als nur der Vater und niemand den Vater als nur der Sohn und der, dem es der Sohn offenbaren will« (Lk 10, 22). Daß damit eine Liebesbeziehung gemeint ist, zeigt sich an der Bereitschaft Jesu, sein exklusives Wissen um den Vater weiterzugeben. Denn die Liebe ist das diffusivum sui ipsius; sie lebt von Erweisen der Selbstübereignung und Hingabe. Darin besteht der Herzschlag des Lebens- und Liebeswerkes Jesu. Er weiß sich vom Vater geliebt, und er erwidert diese Liebe durch seine Hingabe bis in den Tod. Gleichzeitig weiß er sich dadurch zu den Menschen gesandt, um ihnen die sie befreiende und rettende Kunde von dem zu bringen, »was kein Auge geschaut, kein Ohr vernommen und keines Menschen Herz jemals empfunden hat« (1 Kor 2, 9), was sich aber denen erschließt, die sich von dieser Liebe ergreifen lassen und sie mit gläubiger Zuwendung erwidern. Deshalb sah *Kierkegaard* richtig, als er im Zentrum des Lebenswerkes Jesu den erblickte, der mit ausgebreiteten Armen den Bedrückten und von der Last ihres Lebens Beschwerten seine Hilfe anbietet (Mt 11, 28), und der dieses Angebot mit der Zusicherung verbindet, daß er das ihnen aufgebürdete Lebenskreuz zusammen mit dem ihren auf sich nimmt (Lk 9, 23 f).

9

Kämpferisch und tolerant

Durch seine therapeutische Tätigkeit, mit der er (nach Lk 11, 20) den Zeitgenossen den Anbruch des Gottesreichs vor Augen führte, setzte sich Jesus dem haßerfüllten Vorwurf aus: »Mit Hilfe von Beelzebul, dem Oberteufel, treibt er die Dämonen aus« (11, 15). Doch Jesus bleibt seinen Kritikern die Antwort nicht schuldig. In seinem Gleichnis vom Teufelshaus (11, 24 ff) vergleicht er sie mit dem Inhaber einer Wohnung, aus der die Dämonen vertrieben und alles in einen reinlichen und geschmückten Zustand versetzt wurde, die aber gerade dadurch den neuerlichen Dämonensturm auf sich zog, so daß »die letzten Dinge eines solchen Menschen schlimmer sind als die ersten«[65]. Was er damit angreift, ist ein Gesetzesformalismus, der ohne innere Beteiligung alles auf äußere Korrektheit anlegt. Seine Gegner sind demgemäß die Schriftgelehrten und Pharisäer, die bei aller Beachtung des Gesetzeswortlauts dessen Geist mißachten (Mt 23, 23). Zwar besitzen sie den »Schlüssel der Erkenntnis«; doch treten sie selbst nicht ein und hindern andere daran einzutreten (Lk 11, 52). So gleichen sie nach der Parallelaussage des Thomasevangeliums dem Hund, der in der Futterkrippe der Ochsen liegt; zwar frißt er selber nicht, doch läßt der auch die Ochsen nicht fressen (Th 102).[66] Ebenso verfehlt ist ihr Umgang mit der Tradition. Zwar errichten sie Denkmäler für die von ihren Vätern ermordeten Propheten in der Hoffnung, daraufhin zur Tagesordnung übergehen zu können. Doch dadurch bestätigten sie nur das an diesen begangene Unrecht (Mt 23, 29 ff). Statt dessen müßte die Wunde des Geschehenen offengelassen werden, weil es nur so jeweils neu bewältigt werden kann.

Auf den Kern des Konflikts aber verweist das Drohwort: »Weh euch, ihr Gesetzeslehrer! Ihr bürdet den Menschen unerträglich schwere Lasten auf, rührt aber keinen Finger, um ihnen diese Lasten zu erleichtern« (Lk 11, 46). Denn in seiner großen Einladung an die Bedrückten und Bedrängten hatte er das exakte Gegenbild dazu entworfen, als er sein Joch als »sanft« und seine Last als »leicht« bezeichnete, weil er sich selbst darunter beugte und den Seinen nichts zumutete, was er nicht zuvor sich selbst abverlangt hätte (Mt 11, 28). Was ihn von seinen Gegnern fundamental unterscheidet, ist somit der Vorrang der Menschlichkeit. Denn für ihn ist, anders als für sie, das Gesetz für den Menschen da und nicht der Mensch für das Gesetz (Mk 2, 27).[67] Das steigert sich zu dem Drohwort, daß dem Menschen vieles vergeben werde, sogar Angriffe auf den Menschensohn Jesus, nicht jedoch die Lästerung des Heiligen Geistes (Mt 12, 31 f); wobei mit »Geist« der Inbegriff der Sendung Jesu und der in ihm an die Welt ergangenen Gottesoffenbarung gemeint ist. So zeichnen sich im Erscheinungsbild Jesu kämpferische, ja unduldsame Züge ab, die mit dem Bild des liebenden Erbarmers scharf kontrastieren. Dazu kommt, daß Jesus auch in Kontroversen mit den ultrakonservativen Sadduzäern (Mk 12, 18–27), mit den gewaltbereiten Zeloten (12, 13–17) und mit dem ihn (nach Lk 13, 31) mit dem Tod bedrohenden Landesherrn Herodes gezogen wird, die er mit Polemik, bisweilen auch mit beißender Ironie austrägt. Was das für seine Jünger bedeutet, äußert er mit seinem Mahnwort: »Seht, ich sende euch wie Schafe mitten unter Wölfe« (Mt 10, 16).

Trotz der ihm von der Urgemeinde in den Mund gelegten Drohworte bleibt Jesus, ungeachtet seiner vielfachen Anfeindungen bei seiner Verkündigung des Gottes der bedingungslosen Liebe, der (nach Lk 6, 35) »sogar die Undankbaren und Bösen« mit seiner Güte umfängt.[68] Das spiegelt sich in zwei Szenen, von denen Lukas im Kontext der Todesreise Jesu nach Jerusalem berichtet. In der ersten wollen die »Donnersöhne« Jakobus und Johannes einen fremden Exorzisten an seiner Tätigkeit hindern, weil er nicht mit ihnen Jesus nachfolgt. Doch Jesus weist sie mit dem programmatischen Wort zurecht: »Hindert ihn nicht; denn wer nicht gegen uns ist, der ist für uns!« (Mk 9, 38 ff; Lk 9, 49 f). Das unterstreicht er in der zweiten Szene, in der die beiden Brüder Feuer vom Himmel fallen lassen möchten, um das samaritanische Dorf zu vernichten, das ihnen auf ihrem Weg nach Jerusalem die Unterkunft verweigerte (Lk 9, 51–56). Jesus weist sie mit der Begründung zurecht: »Ihr wißt nicht, welches Geistes Kinder ihr seid. Der Menschensohn ist doch nicht gekommen, um Menschenleben zu vernichten, sondern um zu retten!« Mit dem Programmwort: »Wer nicht gegen uns ist, der ist für uns« (Mk 9, 40)[69], bekennt er sich zu einem die Gegnerschaft überwindenden Verständnis von Toleranz. Denn diese besteht in der Bereitschaft, das Anderssein des Andern auf sich zu nehmen, ohne sich ihm schwächlich anzupassen, aber auch ohne tragisch daran zu zerbrechen. Ihm geht es um eine Toleranz aus dem Geist der Liebe, die nach seinem größten Interpreten Paulus »alles erträgt, alles glaubt, alles hofft und allem standhält« (1 Kor 13, 7).

10

Gebunden und befreit

Nach dem Bericht der Evangelien steht das Wirken Jesu unter einem räumlichen und zeitlichen Vorbehalt. Angesichts der Morddrohung seines Landesherrn, die Jesus mit der an »diesen Fuchs« gerichteten Ankündigung seines Todes in Jerusalem beantwortet (Lk 13, 31), weicht er in das halbheidnische Gebiet von Tyrus und Sidon aus, wo ihn eine Heidin (nach Mk 7, 26) verzweifelt um Heilung ihrer besessenen Tochter bittet. Mit dem Hinweis auf die seinem Wirken gezogenen Grenzen – »Ich bin nur zu den verlorenen Schafen des Hauses Israel gesandt« (Mt 15, 24 ff) – schlägt er die Bitte mit der kränkenden Begründung ab: »Es ist nicht recht, das Brot den Kindern wegzunehmen und es den Hunden vorzuwerfen« (15, 26). Doch die Bittstellerin hört aus dieser schroffen Abweisung den unterdrückten Schmerz des an die Grenzen seiner Sendung Gebundenen heraus. Deshalb spielt sie die ihr zugefügte Kränkung mit der generösen Zustimmung herab: »Ganz recht, Herr; doch manchmal fallen einige Brocken vom Tisch ihrer Herrn für die Hündlein ab« (15, 27). Von dieser Großmut gibt sich Jesus geschlagen; und er wirkt die erbetene Heilung mit dem bewundernden Wort: »Frau, dein Glaube ist groß; was du willst, soll geschehen« (15, 28), mit dem er die Heilung mehr noch ihr als sich selbst zuschreibt.

Von der Aufhebung der ihm in zeitlicher Hinsicht gezogenen Grenzen berichtet das johanneische Äquivalent in der Szene von der Hochzeit zu Kana (Joh 2, 1–12). Auch hier weist Jesus die unausdrückliche Bitte der Mutter um Abhilfe (2, 3) zunächst ähnlich schroff wie die Bitte der Syrophönikierin mit der Begründung zurück: »Meine Stunde ist noch nicht gekommen« (2, 4). So wenig wie die heidnische Vergleichsgestalt läßt sich aber auch die Mutter durch die Zurückweisung beirren; vielmehr legt sie mit der Anweisung an die Dienerschaft: »Was er euch sagen wird, das tut« (2, 5) alles in die Hand Jesu. Und wiederum geschieht im Vorgriff auf die erst mit der Passion eingetretene »Stunde« das erhoffte Wunder, so daß Jesus im Brennpunkt beider Szenen als der befreite Befreier und Helfer erscheint.

Den Eintritt der Stunde verdeutlicht das Johannesevangelium mit dem Bericht von dem Wunsch einiger Griechen, Jesus kennenzulernen (Joh 12, 20 ff), für Jesus das erschütternde Zeichen, daß die ihm gezogenen Grenzen angesichts seines nahen Todes von ihm abfallen; denn er weiß: »Wenn das Weizenkorn nicht in die Erde fällt und stirbt, bleibt es allein; wenn es aber stirbt, bringt es reiche Frucht« (12, 24). Das Motivwort »Erde« vertieft der Epheserbrief zum Gedanken an Jesu Abstieg zu den unterirdisch Gefangenen, für ihn die Voraussetzung für seinen Aufstieg »bis zum höchsten Himmel, um das All zu erfüllen« (Eph 4, 8 ff). Danach durchmißt Jesus in seinem Sterben alle Dimensionen menschlicher und kosmischer Verlorenheit, um die dort Festgehaltenen durch seine Auferstehung dieser »Gefangenschaft« zu entreißen und sie in seine Lebensfülle aufzunehmen. Im Vorgefühl dieser Leidens- und Erfüllungsstunde kann er, bewogen durch den Großmut der beiden Bittstellerinnen, das von ihnen erbetene Wunder wirken, auch wenn die Stunde »noch nicht gekommen« ist.

Auf das Wirken Jesu zurückbezogen, besagt das: Was seine bisherige Tätigkeit in Gestalt seiner Reden und Wundertaten verhieß, geht jetzt in Erfüllung. Sein wortloses und zuletzt in seinen Todesschrei ausbrechendes Verstummen am Kreuz ist (nach Joh 19, 30) die Vollendung seiner Worte und sein ebenso qualvolles wie hilfloses Sterben der Beweis seiner »Liebe bis zum Äußersten« (13, 1) und daher seine krönende und alles zuvor Bewirkte überbietende Lebenstat.

Mit ihr krönt er seine Verkündigung des bedingungslos liebenden Gottes, indem er sich ihm in seinem »consummatum est«, zusammen mit seinem nunmehr vollendeten Lebenswerk, übergibt. Damit schließt sich dann aber auch der Ring zu seiner Herkunft vom Herzen des Vaters, der sich durch ihn denen mitteilt, von denen »keiner Gott je gesehen hat« (Joh 1, 18). So erweist er sich als der Gottesbote, dem es aufgegeben ist, die entscheidende Innovation im Gottesbild der Menschheit herbeizuführen. Denn Gott ist für ihn im Widerspruch zum ambivalenten und »un-heilen« Gott der Religionsgeschichte (*Görg*) der bedingungslos Liebende, der nach dem Spitzenwort der lukanischen Bergpredigt sogar die »Undankbaren und Bösen« mit seiner alles überwindenden, dafür aber auch alles bis zur Feindesliebe fordernden Güte umfängt (Lk 6, 35).[70] In einer Welt der Verdüsterung, die sich wie ein Grauschleier über alle Verhältnisse legt, wirkt das wie der vom Matthäusevangelisten beim Aufbruch Jesu in die Gegend von Sebulon und Naftali beschriebene Sonnenaufgang: »Das Volk, das im Dunkeln lebt, erblickte ein Licht; über denen, die in Finsternis und Todesschatten wohnen, erstrahlte ein helles Licht« (Mt 4, 16). Die Botschaft Jesu zerstreut den Nebel, der nach dem gnostischen »Evangelium veritatis« über der Welt liegt, in dem sie über das hinaus, was menschliche Intelligenz, prophetische Eingebung und mystische Einfühlung zutage förderten, klärt, wer Gott ist und worauf sein Heilswille ausgeht.[71] Es ist die Botschaft dessen, von dem die ihm anfänglich auferlegten Fesseln abfielen und dem es Herzensanliegen ist, diejenigen, die sich ihm zuwenden, in seine Freiheit und Gottverbundenheit hineinzunehmen.

Wie alle Szenen des Evangeliums sind aber auch die von der Syrophönikierin und der Hochzeit zu Kana nicht um ihrer selbst willen erzählt. Vielmehr haben sie einen Überhang zum Rezipienten und seiner aktuellen Glaubenssituation. Nach der Wende vom Gehorsams- zum Verstehensglauben, vom Bekenntnis- zum Erfahrungsglauben und vom Leistungs- zum Verantwortungsglauben steht diese im Zeichen des Übergangs vom Gegenstands- zum Innerlichkeitsglauben.[72] Im Gegenzug zur verbreiteten Glaubensschwäche lebt dieser davon, daß sich der Geglaubte in den Glaubensakt des Glaubenden einmischt und ihn in der Interaktion mit diesem zum Ziel führt. Vorausgesetzt ist dabei, daß Jesus vom Glaubenden wie von den beiden Bittstellerinnen durch die Unerschütterlichkeit seines Vertrauens überwältigt wird. Dann wiederholt sich, was er im Gleichnis vom bittenden Freund in Aussicht stellt (Lk 11, 5–8): auch wenn der um Hilfe Angegangene noch so viele Gründe hätte, sich dem Wunsch des nächtlichen Störenfrieds zu versagen, wird er ihm schließlich doch entsprechen, nicht deswegen, weil er sein Freund ist, wohl aber wegen seiner Zudringlichkeit, die ihn dazu bringt, »aufzustehen und ihm zu geben, was er benötigt« (11, 8).

Das Wunder des Gebets

Zu den bewegendsten Szenen des Evangeliums gehört die von der Rettung des sinkenden Petrus. Die Jünger, die von Jesus nach der wunderbaren Brotvermehrung zur Überfahrt ans andere Ufer genötigt worden waren, bekommen es mit schwerem Seegang zu tun. Doch mitten in der Nacht kommt ihnen Jesus auf dem See entgegen. Sie schreien auf vor Angst in der Meinung, ein Gespenst komme auf sie zu; doch Jesus beruhigt sie mit den Worten: »Habt Vertrauen, ich bin es, fürchtet euch nicht!« (Mt 14, 22–27) Da faßt sich Petrus ein Herz und bittet, ihm auf dem Wasser entgegengehen zu dürfen. Jesus entspricht seiner Bitte mit seinem einladenden »Komm!« Petrus steigt aus dem Boot und geht Jesus auf dem Wasser entgegen. Als er aber den Sturm bemerkt, bekommt er es mit der Angst zu tun und beginnt zu sinken. Da schreit er in höchster Not: »Herr, rette mich!« Sofort ergreift ihn die rettende Heilandshand; doch verbindet Jesus die Rettung mit dem Vorwurf: »Kleingläubiger, warum hast du gezweifelt?« (14, 28–31)[73]

Der Egbert-Codex stellt den von den staunenden Jüngern erlebten Augenblick der Rettung dar, in dem sich Jesus zu dem bereits eingesunkenen Petrus herabneigt und seine hilfesuchend ausgestreckte Hand ergreift, um ihn in Sicherheit zu bringen. Wie die spätere Szene mit dem österlichen Fischzug des Petrus zeigt (Joh 21, 6–11), begreift der ingeniöse Buchmaler und Schöpfer des Codex die Szene als eine vorgezogene Ostergeschichte, die sich auf die von allen Evangelien berichtete Verleugnung des Petrus bezieht (Mk 14, 66–72 par). Diese Version stößt sich allerdings mehrfach mit den tatsächlichen Gegebenheiten. Zunächst ist ein Versagen des Petrus, zumindest für den angenommenen Zeitpunkt, durch die Gebetshilfe Jesu und seine Zusicherung, »daß dein Glaube nicht wanke« (Lk 22, 31 f), ausgeschlossen. Auch handelt es sich bei der üblichen Version, »wenn du dich bekehrt hast«, wie sich schon zeigte, um eine offensichtliche Fehlübersetzung. Denn dabei handelt es sich lediglich um eine Inversion, die mit »du deinerseits« wiedergegeben werden muß, da sie sich auf Petrus als Initiator der Rückkehr der versprengten Jüngergruppe nach Jerusalem bezieht. Was aber das «Versagen« des Petrus und seinen »Abfall« betrifft, so kommt dafür lediglich sein Schwanken zwischen Prinzipientreue und schwächlicher Nachgiebigkeit beim »antiochenischen Zwischenfall« (Gal 2, 11–18) in Betracht.[74]

Wie jede Szene des Evangeliums muß aber auch diese in ihrem Aktualitätsbezug begriffen und auf den Glauben des Rezipienten bezogen werden. Denn der Glaube ist die Krönung des Gebets, so wie dieses die Grundlage des Glaubens ist. Im Gebet geht es zunächst um die Vergewisserung, daß Gott für den sich auf ihn beziehenden Beter da ist. Das ist, tiefer besehen, der Ansatz des mit dem Herzen geführten Gottesbeweises, oder, mit Martin Buber gesprochen, die »Bitte um

Der Egbert-Codex: Die Rettung des Petrus

Kundgabe der göttlichen Gegenwart«[75]. Im Vertrauen auf die Erfüllung dieser Bitte
verläßt der Beter die welthaften Sicherungen, um sich Gott in die Arme zu werfen.
Wenn ihm dabei bewußt wird, was er aufgab und verließ, bekommt er es wie
Petrus mit der Angst zu tun, und er glaubt, anstatt in die Arme Gottes zu fallen, in
einen bodenlosen Abgrund zu stürzen. Doch in diesem kritischen Augenblick, in
dem er geneigt ist, seinen Gebetsversuch aufzugeben, mutet ihn, wenn zunächst
auch nur als leise Fühlung, die auf ihn zukommende Nähe Gottes an, die sich,
wenn er nur nicht aufgibt, zur Gewißheit seiner Gegenwart, ja sogar seiner Gegenwart für ihn, den Beter, verstärkt. Damit ist er am Ziel, und seine Zwiesprache mit
Gott kann beginnen.

Daß ihm dabei der göttliche Beistand zu Hilfe kommt, bestätigt Paulus mit seinem von Johann Sebastian Bach aufgenommenen und in seiner titelgleichen Motette vertonten Satz: »Der Geist hilft unserer Schwachheit auf; denn wir wissen nicht, wie wir beten sollen, wie sich's gebührt. Da tritt der Geist für uns ein mit unaussprechlichem Seufzen. Und der, der die Herzen erforscht, kennt das Ansinnen des Geistes, der für die Heiligen eintritt« (Röm 8, 26).[76] In der zu Petrus geneigten Christusgestalt des Egbert-Codex kann man einen Hinweis auf den dem Beter zuvorkommenden Beistand erkennen. Denn das Gebet ist sowenig wie der Glaube, in dem es sich erfüllt, nur die Sache des Menschen, sondern von seinem Ansatz her die einer Interaktion zwischen ihm und dem ihm entgegenkommenden Gott.

11

Erschüttert und auferbaut

Auf der Flucht vor dem ihn (nach Lk 13, 31) mit dem Tod bedrohenden Landesherrn Herodes kommt Jesus in die Gegend von Cäsarea Philippi, nach jüdischer Tradition bis an die Nordgrenze Israels, wo er seine Jünger zunächst nach den umlaufenden Ansichten über den Menschensohn befragt. Unausgesprochen liegt ihm dabei die Mahnung *Nietzsches* »Verwechselt mich vor allem nicht!« auf der Zunge.[77] Was ihn bedrängt, ist nicht nur die Todesdrohung, sondern auch der (nach Joh 6, 66) in der Synagoge von Kafarnaum erlittene Massenabfall. Verschärft wird dieser Eindruck noch durch die von den Jüngern referierten Meinungen, die Jesus auf die großen Gestalten der Vorzeit wie »Johannes den Täufer, Elija, Jeremia oder sonst einen Propheten« festzulegen suchen (Mt 16, 14). In die hintergründige Dramatik der Szene leuchtete *Martin Buber* hinein, als er darin die große Identitätskrise im Leben Jesu ausmachte. Durch die Todesdrohung und den Massenabfall aus seinem Arbeitsgebiet verdrängt, so ist seine Deutung zu vervollständigen, habe sich ihm der Sinn seines Werkes, seiner Sendung und schließlich sogar seiner selbst verdunkelt. An diese »Wegscheide« seines Lebens gestellt, wende er sich nun an seine Jünger mit der Frage »wer er sei«.[78]

Nach einigen ausweichenden Reaktionen der Jünger antwortet Petrus darauf mit einer Erinnerung an den Zuspruch, der (nach Lk 3, 21) bei seinem Gebetserlebnis nach der Taufe an Jesus ergangen war: »Du bist Christus, der Sohn des lebendigen Gottes« (Mt 16, 17). Das enthebt ihn seiner Identitätsnot, verhilft ihm zu neuer Selbstvergewisserung und bewegt ihn dazu, die ihm zugesprochene Würde, jetzt nur neu gefaßt, auf Petrus mit den Worten zurückzuspiegeln: »Selig bist du, Simon, Sohn des Jona, denn nicht Fleisch und Blut haben dir das geoffenbart, sondern mein Vater in den Himmeln. Und ich sage dir: Du bist der Fels, auf diesen Felsen werde ich meine Kirche bauen, und die Hadespforten werden sie nicht überwältigen. Dir werde ich die Schlüssel des Himmelreiches geben. Was du auf Erden binden wirst, wird im Himmel gebunden, und was du auf Erden lösen wirst, wird im Himmel gelöst sein« (16, 18 f).[79]

Im Grund der Dramatik kommt hier die Rhythmik der Szene zum Vorschein. Durch den Zuspruch des Freundes an seine gottgeschenkte Identität erinnert, verhilft Jesus dem ihm zum Helfer gewordenen Petrus nun seinerseits zu höherer Identität. Dabei greift diese nachösterliche Szene auf die Großtat des Petrus zurück, durch die er die durch den Kreuzestod Jesu versprengte Jüngergruppe aufgrund seines österlichen Widerfahrnisses (1 Kor 15, 3) aufs neue versammelte und zum Zeugnis für den Auferstandenen motivierte. Aus der Aufrichtung, die Jesus durch Petrus erfahren hatte, wird so die Auferbauung der jungen Kirche durch den von Jesus ergriffenen und bestärkten Petrus. Darin ist es auch begründet, daß die in der Naherwartung befangene Jüngergruppe nicht am Ausbleiben der Parusie scheiterte, sondern im Verwinden dieses Schocks sich ihrer Zukunftsaufgabe widmete. In ihrem Ausbleiben wiederholte sich die Erfahrung, daß Jesus als Auferstandener, »nicht dem ganzen Volk, sondern nur den von Gott vorherbestimmten Zeugen« erschienen war (Apg 10, 41). Jetzt galt es, in einem Akt missionarischer Kompensation die Osterbotschaft weltweit zur Geltung zu bringen und damit einen Ausgleich, wenn nicht gar ein Äquivalent für die vermißte Erscheinung vor »dem ganzen Volk« und damit für die ausgebliebene Parusie zu schaffen.[80] Deshalb muß die paulinische Lehre vom mystischen Herrenleib (1 Kor 12, 12 f; Röm 12, 4 f) so ernst genommen werden, wie sie gemeint ist. Unbeschadet seines individuellen Fortlebens am Herzen des Vaters (Joh 1, 18; 16, 28) ist Jesus als »lebendigmachender Geist« (1 Kor 15, 45) diesseitig im Kollektiv seines mystischen Leibes gegenwärtig und wirksam. In Gestalt dieser zeitgeschichtlichen Parusie nimmt er die endzeitliche und als solche noch ausstehende Wiederkunft vorweg.

Auf die Frage nach der Struktur dieser Vorwegnahme antwortete *Gertrud von le Fort* mit dem schon in der Väterzeit anklingenden Gedanken, daß er im Gang der Glaubens- und Weltgeschichte die Stationen seines Lebensweges nochmals durchschreite, so daß einzelne Epochen im Stadium seiner Menschwerdung stehen, gefolgt von andern, in denen sich seine Kämpfe und Ängste, zumal aber seine Passion und Auferstehung spiegeln, während sich in wieder andern seine Wiederkunft vorausschattet. Und sie deutete an, daß die Gegenwart nach ihrem Verständnis im Zeichen der Auferstehung steht.[81] Wenn das zutrifft, ergeht an die Christenheit immerfort die Jesus den Jüngern stellende Frage, ob sie den wiedererkennt, der sie im Wandel der Bilder und Perspektiven zu sich ruft. Wenn sie darauf so wie Petrus antwortet, ist nach der Krise, in die der Glaube weltweit geriet, seine Wiederkehr und Erneuerung zu erwarten.

12

Einladend und dienend

Die von *Bertel Thorwaldsen* geschaffene Christusstatue der Frauenkirche von Kopenhagen ist der seltene Fall eines Kunstwerks, das in den Gang der Theologiegeschichte inspirierend eingegriffen hat.[82] Katalysator dessen war der dänische Dichterphilosoph *Sören Kierkegaard*, der dem Werk den Zentralgedanken seiner »Einübung im Christentum« entnahm und ihn in die These faßte: »Der Helfer ist die Hilfe«[83]. Mit dieser Gleichsetzung von Helfer und Hilfe läßt er alle kategorialen Bestimmungen hinter sich, so daß er, der zu sich Einladende, nun selbst zum Inbegriff der von Gott gewährten Hilfe wird. Dabei spielt es für Kierkegaard keine Rolle, ob das in den Sockel der Christusstatue eingravierte Wort »Kommt her zu mir, ihr Bedrückten und Beladenen!« von Jesus jemals verbal gesprochen, oder nur »mit der stillen Beredsamkeit seines Wesens« zum Ausdruck gebracht wurde. Denn Aussagen dieser Art gehören in die Kategorie jener Worte, von denen Kierkegaard im Blick auf den wortgewaltigen *Johannes Chrysostomus* sagt, daß sie mit der ganzen Existenz »gestikuliert werden«.[84]

Deshalb dringen diese Wesensaussagen tiefer als Worte sonst, mit dem Hebräerbrief gesprochen, »wie ein zweischneidiges Schwert, bis zur Trennung von Seele und Geist, von Gelenk und Mark« (Hebr 4, 12), so daß die Angesprochenen, überwältigt von der Heftigkeit dieser Zuwendung, die ihnen darin gebotene Hilfe nicht wahrnehmen können und schon gar nicht den Impuls, der ihr ganzes Daseins verwandeln wollte. So bleibt dem Einladenden nur die Enttäuschung über die Vergeblichkeit seiner Mühe und der Schmerz, der sich in dem Ausruf bekundet: »O, mit offenen Armen dazustehen und ›Kommt her‹ zu sagen; und dann fliehen alle, und sie fliehen nicht nur, sondern fliehen, weil sie Anstoß genommen haben! O, Heiland der Welt zu sein!« Darin spricht eine Zuwendung, die alle kategorialen Grenzen durchbricht und in das Selbstsein des Angesprochenen eindringt. Doch der Helfer weiß, daß seinem Adressaten nur so aufzuhelfen ist.

In seiner Enttäuschung über das Versagen der »Erstgeladenen« (Lk 14, 15–24) wendet sich der Helfer daher, ohne von seinem Angebot abzulassen, allen Bedürftigen zu, um sie in den Genuß seiner Hilfe zu bringen. Und dabei bleibt er auch als Erhöhter, um in dieser johanneischen Sicht der großen Einladung

»alle an sich zu ziehen« (Joh 12, 32). War die Einladung der Bedrückten und Bedrängten noch von der österlichen Frage verschattet, warum er sich in seiner Auferstehung nicht vor dem ganzen Volk, sondern nur vor den wenigen »von Gott vorherbestimmten Zeugen« sehen lasse (Apg 10, 41; Joh 14, 22), so nimmt er nun als Auferstandener doch – und definitiv – die ihm zukommende, alle umgreifende Position ein. Jetzt teilt er sich, ungeachtet seiner Verborgenheit, in seinem Geist allen Aufnahmewilligen mit, um sie »alles zu lehren und an alles zu erinnern«, was er ihnen von Gott und seiner Liebe zu sagen hatte (Joh 14, 26). Dabei geht es vor allem um die erinnernde Wirkung des Beistands. Er taucht das suchende Menschenherz in die göttliche Lebensfülle, die sich ihm als die Schatzkammer »aller Weisheit und Erkenntnis« erschließt (Kol 2, 3); er verankert das schwankende Menschenherz in dem, der es nicht nur hoffen heißt, sondern die »Hoffnung auf Herrlichkeit« ist (1, 27); und er erfüllt das zagende Menschenherz mit dem, der gleicherweise »unser Friede« ist (Eph 2, 13) und der von ihm in dieser friedlosen Welt immerfort bezeugt und gegen alle Widerstände zur Geltung gebracht werden will.

Wenn man Paulus befragt, was ihn letztlich bewog, sich dem zu übereignen, von dem er sich bis zur Anverwandlung seiner selbst geliebt wußte (Gal 2, 20), gibt der Liebeshymnus des Ersten Korintherbriefs (1 Kor 13, 1–12) darauf die verläßlichste Antwort. Er enthüllt in dem späteren Fanatiker einen sich nach liebender Erfüllung Sehnenden.[85] Was er in diesem Hymnus umkreist, ist die Hohlform einer Liebe, die zwar alles glaubt, alles hofft und alles übersteht (13, 7), vor allem aber durch Negativbestimmungen gekennzeichnet ist. Vor dem Verfolger, zu dem Paulus erst in der Konfrontation mit der von ihm ebenso beneideten wie verabscheuten Jesusgemeinde wurde, muß Paulus somit als ein sich nach Liebe Sehnender gesehen werden. Stimuliert durch seinen Haß auf die Jesusgemeinde zog er den in ihr (nach Apg 9, 4) letztlich Verfolgten förmlich auf sich herab, der ihm in seinem authentischen Damaskuserlebnis als der auf seine Sehnsucht Antwortende (Gal 1, 16), ihm im Glanz der Gottherrlichkeiten Erscheinende (2 Kor 4, 6) und ihn machtvoll Ergreifende (Phil 3, 12) begegnete. Das steigert sich am Schluß des Römerbriefs zu dem Geständnis, daß er nur von dem zu reden wage, was Christus in ihm »durch Wort und Tat bewirkt« habe (Röm 15, 18).

Unterschwellig bezeichnete sich Jesus bereits in alledem als Helfer, wenn nicht gar als Diener zum Selbstsein der Seinen. In aller Form geschieht das dann in dem Schlüsselwort des Markusevangeliums, in dem er seine Sendung mit dem Wort umreißt: »Der Menschensohn ist nicht gekommen, um sich bedienen zu lassen, sondern um zu dienen« (Mk 10, 45), das nochmals im Mahnwort desselben Evangeliums nachklingt: »Ihr wißt, daß die, die als

Fürsten der Völker gelten, ihre Macht mißbrauchen und daß ihre Großen eine Gewaltherrschaft über sie ausüben. Bei euch soll es nicht so sein. Vielmehr soll, wer unter euch groß sein möchte, euer Diener sein, und wer unter euch der Erste sein will, der Letzte von allen. Denn auch der Menschensohn ist nicht gekommen, um sich bedienen zu lassen, sondern um zu dienen« (10, 42–45). Wenn man bedenkt, daß das Menschsein bis in die Interaktion, ja bis in die Sprache hinein darauf angelegt ist, sich bei allem Zutun doch letztlich bedienen zu lassen, zeichnet sich die Stoßrichtung dieses »Herrenwortes« erst wirklich ab. Ihm geht es nicht so sehr um Akte kategorialer Dienstbarkeit und Hilfserweise als vielmehr um Hilfe im Sinn des paulinischen »Nicht mehr ich – er in mir« (Gal 2, 20), also um die Ermächtigung des kontingenten und unter der Last seiner »Nichtigkeit« (Röm 8, 20) niedergebeugten Menschen durch den, der ihn aus der Hoheit seines gottgeschenkten Lebens (nach Joh 12, 32) an sich zieht, um sein Glück mit ihm zu teilen. Es ist das Glück der an die Seinen übereigneten Gottessohnschaft, deren er nur in dem Maß froh werden kann, wie er sie mit den zu Gotteskindern Gewordenen teilt. Nicht umsonst beginnt Paulus den Liebeshymnus seines Römerbriefs mit dem staunenden Ausruf: »Wenn Gott für uns ist, wer ist dann gegen uns? Wenn er seinen eigenen Sohn nicht geschont, sondern ihn für uns alle hingegeben hat – wie sollte er uns nicht mit ihm alles schenken?« (Röm 8, 31 f) Bevor er aber den Gottessohn allen zum Geschenk macht, beschenkt er ihn mit sich selbst, indem er den, der nach Nietzsche sogar in seinen Henkern betete und liebte, der Passivität seines Sterbens entriß und seinen Tod in seine krönende Lebenstat verwandelte.[86]

Vereinsamt und aufgenommen

Für den Altar der Dominikanerkirche von Augsburg schuf Jacopo Tintoretto eine in jeder Hinsicht ungewöhnliche und zudem ungewöhnlich ansprechende Darstellung der von Lukas überlieferten Episode von der Einkehr Jesu im Haus der Maria und Marta (Lk 10, 38–42). Ungewöhnlich durch die Rückensicht des hohen Gastes, aber auch durch die Haltung der ihm zu Füßen sitzenden Maria, die eher zu schweben als zu sitzen scheint, ebenso durch die Intervention der Marta, die sich mit ihrer Beschwerde in Abweichung vom Text nicht an Jesus wendet, sondern wie ein Keil in die Beziehung Jesu zu ihrer Schwester einbricht, und nicht zuletzt durch die Sprache der Hände: Während Jesus seine Worte durch die sie mitteilenden Hände verdeutlicht, und Maria mit ihrer Rechten das Vernommene entgegennimmt, stößt Marta mit ihrer ausgestreckten Rechten förmlich auf die lauschende Maria zu, die diese brüske Attacke aber nicht einmal zu registrieren, geschweige denn zu beantworten scheint. Dieses dramatische Geschehen wird durch die Lichtregie akzentuiert. Hell leuchtet der Rücken Jesu auf, während sich seine Hände scharf von der ebenso hell beleuchteten trapezförmigen Tischplatte abheben. Helles Licht fällt aber auch auf die beiden Frauen, die sich so, zusammen mit ihrem Gast, klar von den im dunklen Hintergrund erkennbaren Figuren und der ins Freie führenden Türe abheben. Was ist damit gesagt? Die christliche Spiritualität hat darauf mit der Typisierung der beiden Frauengestalten geantwortet. Sie ordnete die Marta der vita activa und Maria der vita contemplativa und damit zwei Grundhaltungen zu, die sie als konstitutiv für eine ausgewogene Lebensführung erachtete.[87] Doch damit widersprach sie dem Urteil Jesu, der den Protest der überbeschäftigten Marta mit der Begründung zurückweist: »Marta, Marta du machst dir zu viele Sorgen und Mühen. Doch nur eins ist notwendig. Maria hat das Bessere gewählt; das soll ihr nicht genommen werden« (10, 41 f). Die Besorgung des täglichen Bedarfs verfällt zu leicht der Sorge, die nach der Warnung Jesu mangelndem Gottvertrauen entstammt (12, 22–31). Maria hat auch in dem Sinn das Bessere gewählt, daß sie sich dem zu Füßen gesetzt hat, der mit seinem Wort dem hinfälligen Dasein Halt und Stand verleiht.

Doch wie steht es mit seinem Wort? Anders als seinen modernen Epigonen ist es dem klassischen Künstler nicht möglich, Gesagtes hörbar zu machen. Deshalb hat Tintoretto durch seine Lichtregie dafür gesorgt, daß der Alltagslärm von der offenen Tür nicht bis ins Innere des Raumes eindringt, wo Jesus, unbeeindruckt von den Vorhaltungen Martas, zu der ihm atemlos Zuhörenden spricht. Er spricht mit seinen gestikulierenden Händen. Doch von ihm gilt noch ungleich mehr als von dem großen Prediger Johannes Chrysostomus, dem Kierkegaard nachrühmte, daß er »mit seiner ganzen Existenz gestikuliert« habe.[88] Was Maria hört, sind nicht

seine Worte; es ist vielmehr er selbst, das leibhaftige Wort in seinen gesprochenen Worten, das Wort, das (nach Joh 1, 1) »am Anfang war« und das (nach Hebr 1, 3) das All durch die ihm innewohnende Schöpfermacht trägt. Das verleiht der Kauernden jene Festigkeit, die sie gegen die Vorhaltungen der Schwester abschirmt und in dem zu ihr Redenden ihren Schwerpunkt finden läßt. Ihr widerfährt, was Paulus mit den dem Geist der Sammlung entstammenden Worten zum Ausdruck bringt: »Alles gehört euch: Welt, Leben und Tod, Gegenwart und Zukunft, alles gehört euch; ihr aber gehört Christus, und Christus gehört Gott« (1 Kor 3, 21 f). In diese Zugehörigkeit ist die Kauernde einbezogen. Zwischen ihr und dem zu ihr Redenden entsteht eine Beziehung von solcher Intensität, daß alles Geschehen, einschließlich der in sie dringenden Marta, gegenstandslos wird und von ihr abgleitet. Was sich zwischen ihr und Jesus ereignet, ist »das Wunder des Verstehens« (Gadamer) und, tiefer besehen, das Wunder des Glaubens, in dem sie Halt und Sicherheit gewinnt. Das kann und darf ihr nach dem Urteil Jesu nicht genommen werden.[89]

Tintoretto: Jesus bei Maria und Marta

13

Im Feuer und Wasser

Auf einem Höhepunkt des Lukasevangeliums erhebt sich Jesus zu dem programmatischen Bekenntnis: »Feuer auf die Erde zu werfen, bin ich gekommen, und wie sehr sehne ich mich danach, daß es brenne. Mit einer Taufe muß ich getauft werden, und wie drängt es mich, sie zu erleiden« (Lk 12, 49). Das Spitzenwort ist auch im Thomasevangelium in der Fassung überliefert: Jesus sagte: »Ich habe Feuer auf die Erde geworfen und siehe, ich bewahre es, bis sie brennt« (Log 10).[90] Das verstärkt den Akzent, der ohnehin schon auf der Spitzenaussage liegt. Der vielfach vertretene Annahme, daß mit dem »Feuer« das Feuer des Gerichts gemeint ist, steht dann der grundlegende Einwand entgegen, daß Jesus in diesem Fall, entgegen der vielfach bezeugten Abkehr von der Botschaft des Täufers, in dessen Fußspur getreten wäre und sich in vollem Selbstwiderspruch dessen Gerichtsankündigung zu eigen gemacht hätte. Was Jesus will, ist gerade nicht der von ihm in seiner Antrittspredigt in der Synagoge von Nazaret ersatzlos gestrichene »Tag der Rache« des von ihm verwendeten Jesajazitats (Lk 4, 16–19; Jes 61, 1 f) und ebenso wenig die von ihm in der Versuchungsszene zurückgewiesene Gewaltherrschaft über die Welt (Mt 4, 8 ff). Wie sich seine Botschaft nach dem Johannesprolog am Herzen des liebenden Gottes entzündet (Joh 1, 18), geht sie vielmehr darauf aus, die haß- und gewaltverfallene Welt von ihrem selbstzerstörerischen Zustand abzubringen und für eine Neuordnung aus dem Geist der Erbarmung und Liebe zu gewinnen. Deshalb muß mit *Ulrich Luz* bei dem von Jesus angesprochenen »Feuer« vor allem an das Feuer seiner frohmachenden Botschaft gedacht werden.[91] Daß es ihn »drängt«, dieses Feuer brennen zu sehen, ist angesichts der auf einen gewaltsamen Konflikt mit der römischen Besatzungsmacht abzielenden Agitation der Zeloten nur zu begreiflich, da ihm dessen Ergebnis – »kein Stein wird auf dem andern bleiben; alles wird niedergerissen werden« (Lk 21, 8) – nur zu deutlich vor Augen steht.

Die Spitzenaussage setzt sich fort in die Ankündigung der Todestaufe, der Jesus drangvoll entgegensieht. Da eine Gleichsinnigkeit beider Motive, die nur im Gerichtsgedanken bestehen könnte, ausgeschlossen ist, kann es sich bei der »Taufe« lediglich um die Bedingung dafür handeln, daß das »Feuer« in der von Jesus ersehnten Weise um sich greift und, wie das Thomasevangelium zu verstehen gibt, die ganze Welt in Brand setzt. Zwar handelt es sich dann bei dem Doppelwort um eine nachösterliche Rückprojektion; doch wird dabei klar, daß das »Feuer« der weltweiten Wirkung den Empfang der »Todestaufe« Jesu zur Voraussetzung hat. Erst als in seiner »Stunde« die raumzeitliche Begrenzung von ihm abgefallen war, konnte sich das von ihm entfachte Feuer seiner Heilsbotschaft weltweit ausbreiten. Das Weizenkorn mußte in die Erde fallen und sterben, damit es reiche Frucht bringen konnte.

Die nachösterliche Herkunft des Doppelwortes schließt nicht aus, daß es einer exzeptionellen Einfühlung in das »Geheimnis Jesu« (*Pascal*) entstammt.[92] Wie nirgendwo sonst, das Geständnis seines sehnsüchtigen Verlangens, mit seinen Jüngern das Abendmahl zu halten (Lk 22, 15), ausgenommen, ist hier von seiner Sehnsucht und seinem »drangvollen Verlangen« die Rede. Im ersten Fall ist das die sehnsüchtige Erwartung der die ganze Welt ergreifenden Wirkung seiner Botschaft, im zweiten Falle seine Todessehnsucht. Daß sie als »drang- und angstvoll« bezeichnet wird, wirft ein unerwartbares Licht auf sein Verhältnis zum Tod. Daß er wie nur je ein Mensch vor dem Tod mit allen Zeichen des Entsetzens zurückschreckt, wird von Berichten von seinem Gebetskampf in Getsemani, am nachdrücklichsten vom lukanischen (Lk 22, 39–46), bestätigt.[93] Wenn er aber (nach 9, 51) fest entschlossen den Weg nach Jerusalem, der Stadt seines vorhersehbaren Todes, einschlägt, ist das nur unter der Voraussetzung verständlich, daß es ihn dorthin drängt und daß er sich nach dem Schicksal, das ihn dort wie jeden Propheten erwartet (13, 33), wenngleich in Bangigkeit sehnt. Das kommt nur dann nicht dem ihm von seinen Gegnern (Joh 8, 22) unterstellten Gang in den Selbstmord gleich, wenn er den ihm bevorstehenden Tod als unerläßliche Bedingung für das Gelingen seines Lebenswerks begreift und wenn sich Gott für ihn auf diesem Weg vom Herrn über Leben und Tod in den ihn in die Geborgenheit seiner Liebe rufenden Vater verwandelt.[94] Wie sich auf seinem Todesweg der Tod aus dem Inbegriff des Schreckens in die Einladung zur Heimkehr ins Vaterhaus verwandelte, so auch sein Gottesbild. War Gott auch für ihn anfänglich der Herr über Leben und Tod, so wurde er für ihn auf diesem Weg zunehmend zum Gleichbild des Vaters in seinem Gleichnis vom verlorenen Sohn, der dem Heimkehrer entgegenläuft und ihn mit offenen Armen in die Obhut seiner Liebe aufnimmt (Lk 15, 20). Auch in diesem tiefsten Sinn bewahrheitet sich sein Wort, daß nur das in die Erde fallende und sterbende Weizenkorn zu seiner vollen Fruchtbarkeit gelangt (Joh 12, 24).[95]

14

Abgelehnt und erschüttert

Die Kunde, die Jesus, vom Herzen Gottes kommend, der Welt zu bringen hatte, war die von seinem Gott und die von ihm selbst. Denn so sehr er im Gottesglauben Israels verankert war und sich (nach Lk 13, 34) in der Schicksalsgemeinschaft mit dessen Propheten sah, brach er doch mit voller Entschiedenheit mit dem ambivalenten Gottesbild seines Volkes, um den ihm von seinem Ursprung her eingeschriebenen Gott der bedingungslosen Liebe zum Vorschein zu bringen. Als dessen vielgeliebter Sohn war er nicht nur der Bote, sondern das leibhaftige Offenbarungswort dieses Gottes, der sich in ihm in seiner alle Erwartungen sprengenden Menschenfreundlichkeit der Welt mitteilte (Tit 3, 4). Darin bestand das Geheimnis, »das kein Auge geschaut, kein Ohr vernommen und keines Menschen Herz jemals empfunden hat«, das Gott aber denen erschloß, die ihn und seinen Boten lieben (1 Kor 2, 9). Auf dem Höhepunkt seiner Brotrede in der Synagoge von Kafarnaum faßte Jesus das in den unmißverständlichen Satz »Ich bin das Brot des Lebens« (Joh 6, 35.48), mit dem er sich seinen erwartungsvollen Zuhörern als Lebensinhalt anbot. *Kierkegaard*, der dieses Angebot mit der Einladung an die Bedrückten und Beladenen (Mt 11, 28) gleichsetzt, beschreibt die himmelschreiende Reaktion der Zuhörer mit den expressiven Worten: »O, mit offenen Armen dazustehen und ›Kommt her!‹ zu sagen – und dann fliehen alle, und fliehen nicht nur, sondern fliehen, weil sie an ihm Anstoß genommen haben! O, Heiland der Welt zu sein!« So kommt es nach dem Bericht des Johannesevangeliums zum Massenabfall, der Jesus in die denkbar tiefste Identitätskrise stürzt.

In ihr spiegelt sich nicht nur die Enttäuschung über ein Volk, das schon so tief auf den Befreiungs- und Rachekrieg gegen Rom eingeschworen war, daß es die ihm gebotene Hilfe nicht wahrzunehmen vermochte, sondern der Schmerz über den Verlust seiner Lebensbasis. Denn so wie Jesus nicht nur der Bote, sondern das leibhaftige Wort Gottes ist, kommt er auch nicht wie alle andern auf dem Weg der Abgrenzung und Unterscheidung, sondern auf dem der Hingabe und Übereignung zu sich selbst. Somit entzieht ihm der Massenabfall die Grundlage seines Selbstseins mit der Folge, daß er sich selber fremd und unfaßlich wird. Vom Tiefgang dieser Krise vermittelt das Jüngergespräch einen Eindruck, das die Synoptiker in die Gegend von

Betanien anzukommen, wo ihm nur noch ein Besuch am Grab seines »Freundes« bleibt. Rätselhaft wie diese Verzögerung ist die Tatsache, daß die Synoptiker einschließlich des an Wundern besonders interessierten Lukas bis auf die Andeutung im Gleichnis vom »Armen Lazarus« (Lk 16, 19–31) nichts von dieser spektakulären Wundertat wissen.[96] Da sich ein derartiges Ereignis im Vorfeld von Jerusalem unablösbar mit der Erinnerung an Jesus verbunden hätte, kann es sich um kein historisches Vorkommnis handeln. Was ist es aber dann?

In Giotto antwortet die Kunst darauf, indem sie die Szene als eine Gebetserhörung deutet. Maria, die im Gemälde Tintorettos zu Füßen Jesu saß, um seine Worte und ihn in seinen Worten zu hören, hat sich ihm jetzt zu Füßen geworfen, um ihn um die Rettung ihres Bruders anzuflehen. Ihre Bitte geht auf unerhörte Weise in Erfüllung. Denn das Wunder geschieht, während sie noch in der Bittstellung verharrt. Was sie erblickt, ist nicht das Wunder, sondern der Wundertäter, so daß sich die Szene wie die Verdeutlichung der Rückbezüglichkeit jeder Gebetserhörung ausnimmt. Denn im Grunde ist kein Gebet vergeblich. Selbst wenn ihm die erhoffte Erhörung versagt bleibt, verhilft es zur Festigung und Vertiefung des Gottesverhältnisses. Wie Jakob im Kampf mit dem Engel, geht er dann zwar gelähmt und frustriert, dafür aber gesegnet aus seinem Ringen hervor.

Das Letzte bleibt freilich dem Betrachter überlassen. Er muß sich fragen, was denn zum Vorschein kommt, wenn die Umstehenden dem Befehl Jesu »Löst ihm die Binden und laßt ihn weggehen« (Joh 11, 44) nachkommen. Wenn sie das, nach der johanneischen Darstellung das Antlitz des Lazarus verhüllende Schweißtuch entfernen, erblicken sie im Gesicht des Auferweckten – wie in einem lebendigen Spiegel – die Züge des Wundertäters. Die Szene enthüllt sich nunmehr als eine vorweggenommene Ostergeschichte, in der sich Jesus mit seinem Befehlsruf »Lazarus, komm heraus!« (11, 43), dieser (nach 5, 25) in die Gräber dringenden Stimme des Menschensohns, in Gestalt seines Doppelgängers selbst aus dem Grab herausruft und damit seine Auferweckung vorwegnimmt. Denn er hat (nach 10, 18) die Macht, sein Leben hinzugeben, aber auch, es wieder an sich zu nehmen. Diese Macht erfährt der Beter in seinem Gebet. Sie hilft ihm, die Last des Daseins, gestützt auf sie, auf sich zu nehmen, auch wenn ihm die Erfüllung seiner Bitte aufgrund einer höheren Weisheit versagt bleibt. Da es die Last seines todverfallenen Daseins ist, rührt der Beter dabei sogar an den tiefsten Grund, der »kein weiteres Fallen« mehr zuläßt (le Fort): an die todüberwindende Macht des Auferstandenen.[97] In ihr gewinnt er jenen letzten Halt, der ihm die Prüfung des Lebens bestehen hilft. Denn auch ihm gilt die Stimme des Gottessohns, der ihn mit seinem machtvollen »Komm heraus« aus dem Grab der Hoffnungslosigkeit und Ängste herausruft.

16

Gesalbt und verraten

Auf seiner Flucht bleiben Jesus nur einzelne wie die Maria im Haus der Marta, die sich ihm vorbehaltlos zuwenden. Das zeigt, daß er auf dem Weg zunehmend vereinsamt. Auch die harten Bedingungen, die er den Bewerbern um die Jüngerschaft stellt, sind aus der Verfassung eines tief Vereinsamten gesprochen. Davon machen auch die mit ihm ziehenden Jünger keine Ausnahme, von denen wiederholt gesagt wird, daß sie ihn nicht verstehen (Mk 9, 32; Joh 19, 6; 11, 11 ff). Schlimmer noch: sie sind sich, wie sich in der Stunde der Prüfung nur zu sehr bestätigen wird, ihrer Treue zu ihm keineswegs sicher. Dennoch bleiben sie, bis auf die Ausnahme des Verräters und des wohl erst nachösterlich verunsicherten Petrus, in ihrer Wesenstiefe Jesus unzertrennlich verbunden.[98]

Erst recht gilt das von den ihn begleitenden Frauen und unter ihnen an erster Stelle von der ungenannten, von Johannes jedoch mit Maria von Betanien identifizierten Frau (Joh 12, 1–8), die an Jesus nach dessen eigener Deutung die Totensalbung vorwegnimmt, indem sie aus einem Alabastergefäß kostbares Nardenöl über sein Haar gießt (Mk 14, 3–8). Da Johannes in sinnwidriger Weise (*Wilckens*) behauptet, daß sie damit die Füße Jesu gesalbt und mit ihren Haaren abgetrocknet habe (Joh 12, 3), muß die Salbung auf die durch die Sünderin im Haus des Pharisäers Simon bezogen werden, die gleichfalls »mit einem Alabastergefäß voll kostbarem Öl« an Jesus herantritt, um seine Füße zu salben, nachdem sie diese zuvor mit ihren Tränen benetzt und mit ihren Haaren getrocknet hatte (Lk 7, 36–50).[99] Da Lukas kurz darauf vom Frauengefolge Jesu berichtet, und unter diesem an erster Stelle von Maria aus Magdala, aus der er sieben Dämonen ausgetrieben hatte (8, 2), und die als solche allen Grund zu einer spektakulären Dankesbezeugung hatte, liegt die Identifizierung der Ungenannten mit dieser zum Greifen nah, zumal sie dann in der Markuspassion als erste der der Kreuzigung Jesu »von ferne« zusehenden Frauen genannt wird (Mk 15, 40) und im johanneischen Auferstehungsbericht als erste Osterzeugin erscheint (Joh 20, 11–18). So steht am Ende des Todeswegs ein einzigartiger und von Jesus als denkwürdig herausgestellter Liebeserweis; denn »überall in der Welt, wo das Evangelium verkündet wird, wird man sich an sie erinnern und erzählen, was sie getan hat« (Mk 14, 9).

Das Verhalten der Frau stößt allerdings auf die ebenso uneinsichtige wie engherzige Kritik der Jünger (Mk 14, 4 ff), die damit aber nur beweisen, wie sehr sie trotz ihrer äußeren Anhänglichkeit Jesus innerlich fernstehen. In dieser Distanz kündigt sich dann aber auch schon das Ungeheuerlichste an: der Verrat aus den eigenen Reihen. Denn das Unbegreifliche bricht dadurch in seine Lebensgeschichte ein, daß der Tod nicht von außen, aus den Reihen seiner erbitterten Gegner, sondern aus der engsten Tischgemeinschaft auf ihn zukommt, und daß er durch einen seiner Freunde (Mt 26, 50) ans Messer geliefert wird.

Für das dafür besonders sensible Johannesevangelium bricht an dieser Stelle die Gestalt Jesu auseinander, so daß er sich in der Erscheinung des Lieblingsjüngers selbst gegenübertritt, um sich nach dem Urheber des Verrats zu befragen.[100] Mit seiner Frage: »Herr, wer ist es?« (Joh 13, 25) setzt der an der Seite Jesu liegende Ungenannte dann auch tatsächlich das ganze Passionsgeschehen in Gang. Denn nun entlarvt Jesus den Verräter, der, vom Satan überwältigt, in die draußen herrschende Nacht hinausgeht, um Jesus zu denunzieren (13, 20–30). Daß es sich bei dem Lieblingsjünger um den Doppelgänger Jesu handelt, bestätigt die Johannespassion dadurch in aller Form, daß der Gekreuzigte ihn der Mutter als ihren Sohn übergibt (19, 26). Aber wer steht hinter dem Verräter? Steht er am Ende nicht nur für sich, sondern auch für andere? Zweifellos hat nicht nur Judas, sondern auch Petrus Jesus verraten, auch wenn ihm seine »Verleugnung« eher als Schwäche ausgelegt worden ist. Doch stellt sich in seinem Fall noch mehr als im andern die Frage nach der Historizität der damit angesprochenen Szene (Mk 14, 66–72). Denn sie steht in vollem Widerspruch zur Zusicherung Jesu: »Simon, Simon, siehe, der Satan hat verlangt, euch sieben zu dürfen, wie man den Weizen siebt. Ich aber habe für dich gebetet, daß dein Glaube nicht wanke« (Lk 22, 32). Blieb am Ende gerade dieses Gebet Jesu ohne die von ihm erhoffte Erhörung? (*Schenke*)[101] Wenn man diese Möglichkeit ausschließt, wird man sich an den »antiochenischen Zwischenfall« erinnern müssen, bei dem Paulus dem schwankenden Petrus sein klägliches Versagen anlastet (Gal 2, 11–14), das, in die Passion Jesu zurückprojiziert, zur Verleugnungsgeschichte geführt haben dürfte.

Ungleich schwieriger gestaltet sich die Frage der Historizität im Fall des Verräters Judas (Mk 14, 10 f. 43 ff). Da die Nachwahl des Matthias schwerlich vor der von Paulus bezeugten Erscheinung des Auferstandenen vor den »Zwölf« stattfand (Apg 1, 15–26), entsteht der Eindruck, daß Judas noch nach der Auferstehung Jesu dem Zwölferkreis angehörte und daß dieser mit der Nachwahl auf sein Ausscheiden aus dem Apostelamt (1, 25), also auf dessen nachösterliche Apostasie reagierte (*Schenke*).[102] In dem von den Evangelien zurückdatierten Verrat würde sich dann der kollektive Abfall der Jüngerschaft spiegeln, den die Markuspassion mit dem Satz umschreibt: »Da verließen ihn alle und flohen« (Mk 14, 50). Die Leidensgeschichte Jesu begann danach mit seiner völligen Vereinsamung, also mit dem Verlust jener Gemeinschaft, für die und aus der er lebte.

Der Egbert-Codex: Die Totensalbung Jesu

Die Totensalbung

In einer seiner bewegendsten Szenen schildert der Egbert-Codex die Totensal-bung Jesu durch Maria, die Schwester der mit dem Tischdienst beschäftigten Marta, mit den Aposteln, von denen Petrus, mit einem Kelch in seiner Linken, mit großer Geste auf die Salbende hinweist, während die andern, von denen Judas kenntlich gemacht ist, mit hocherhobenen Händen Einspruch gegen das Gesche-hen erheben. All dies wird überragt von der Gestalt Jesu, der den Protest der Jünger mit der Begründung zurückweist: »Warum kränkt ihr diese Frau? Sie hat ein gutes Werk an mir verrichtet« (Mt 28, 18). »Denn sie hat meinen Leib im voraus für das Begräbnis gesalbt« (Mk 14, 8). Wenn Johannes aber berichtet, daß die von ihm ausdrücklich als Maria Gekennzeichnete die Füße Jesu mit kostbarem Nardenöl gesalbt »und mit ihren Haaren abgetrocknet« habe (Joh 12, 3), gibt er mit dieser »deplazierten« Bemerkung (Wilckens) zu verstehen, daß er dabei auf die lukanische Perikope mit der Sünderin zurückgriff, die die von ihren Tränen benetzten Füße Jesu mit ihren Haaren trocknete und anschließend mit wohlriechendem Öl salbte (Lk 7, 37 f). Wenn man die Frage nach der Identität dieser von der Vorahnung des Todes Jesu ergriffenen und dadurch zur Totensalbung bewogenen Frau nicht im Dunkeln lassen will, kommt daher nur Maria aus Magdala in Betracht, die als die von schwerer Besessenheit Geheilte (Lk 8, 2) über die besondere Sensibilität verfügte und wegen ihrer Treue zu ihrem Retter als erste der Frauen genannt wird, die der Kreuzigung Jesu »von weitem« zusehen (Mk 15, 40 f).

Im Egbert-Codex nimmt sie Jesus nachdrücklich gegen den Protest der Jünger in Schutz, indem er ihren Liebesdienst zu der vorausgenommenen Totensalbung an ihm erklärt. Durch die Distanz, aus der heraus Jesus den Einwand der Jünger zurückweist, aber auch durch deren sich von Empörung zum Protest steigernde Gesten, betont die Illustration die Einsamkeit Jesu selbst im engsten Jüngerkreis. Abgehoben wie auf einem Thron sitzt er ihnen gegenüber, nur mit der zurechtweisenden Geste mit ihnen verbunden. Mit ihrer Tischgemeinschaft hat er nichts zu tun, nicht einmal mit den auf dem seltsam eingeknickten Tisch zu erkennenden Broten und dem Kelch. Sein Herz gehört der von den Jüngern verständnislos Angegriffenen, die gerade dabei ist, ihn in Vorahnung seines Todes für sein Begräbnis zu salben. Auch sie eine Einsame, weil die hinter ihm stehende Marta offensichtlich nur mit der Bestellung des Mahles befaßt ist. Auf einer späteren Darstellung zeigt der Codex, wie Maria für diese Zuwendung belohnt wird. Sie ist (nach Joh 20, 14–18) die erste Osterzeugin, der Jesus erscheint, noch bevor er zum Vater aufgestiegen ist, und der er seine Osterbotschaft an die Jünger anvertraut. Sie, die von ihnen getadelt und mit allen Zeichen des Protestes zurückgewiesen wurde, wird nun im Auftrag Jesu zur Botin der über ihre Zukunft entscheidenden Kunde. Und nur, sofern sie sich an ihre Botschaft halten, überwinden sie die Distanz, in der sie in der schweren Stunde des vorgeahnten Todes Jesu, in der alles auf ihre Verbundenheit mit ihm angekommen wäre, verharrten. Auf der Darstellung des Egbert-Codex weicht der Auferstandene zwar vor der ihm zu Füßen Gefallenen zurück, dies jedoch nicht, um sie im Sinne des Noli me tangere von der Berührung seiner Füße abzuhalten, wie dieses fast unausrottbare Mißverständnis will, sondern um ihr, dieser privilegierten Osterzeugin, zu bedeuten, daß er auf seinem Weg zum Vater nicht aufgehalten werden darf, so daß sie seine Erscheinung als einzigartige Auszeichnung verstehen darf. Alles Gewicht liegt jetzt auf der unverzüglichen Weitergabe der Osterbotschaft, weil in ihr das Heil der Welt, verstanden als ihre Befreiung, Rettung und Erhebung, beschlossen ist.

17

Waschend und speisend

Ihr volles Profil gewinnt die Einsamkeit Jesu im Blick auf die beiden Zeichenhandlungen, mit denen er in seine Leidensgeschichte eintritt: die Fußwaschung (Joh 13, 1–20), die Johannes mit dem Satz: »Da er die Seinen liebte, liebte er sie bis zur Äußersten« überschreibt (13, 2), und das Abendmahl (1 Kor 11, 23–26; Mk 14, 22 ff), diesem zeichenhaften Ausdruck seiner exzessiven Liebe. Bei allem Unterschied der szenischen Gestaltung ist beiden Handlungen das gemeinsam, was beim Abfall der Jünger ins Leere läuft: der Wille zu bedingungsloser Hingabe. Das verdeutlicht der dramatische Höhepunkt der Fußwaschungsszene, auf dem Jesus dem sich weigernden Petrus antwortet: »Wenn ich dich nicht waschen darf, hast du keinen Anteil an mir« (Joh 13, 8). Aufs deutlichste ist damit gesagt, daß es sich bei dem Sklavendienst, den Jesus den Jüngern erweist, um einen Akt der Selbstübereignung an sie handelt. Damit beweist er ihnen, daß er »nicht gekommen ist, sich bedienen zu lassen, sondern um zu dienen« (Mk 10, 45). Da er mit diesem Wort seine gesamte Lebensleistung umfaßt, gibt er damit unmißverständlich zu verstehen, daß der von ihm erwiesene Dienst in ihm selbst besteht. Indem er sich, den »Meister und Herrn« (nach Joh 13, 12–17), zum Diener aller macht, revolutioniert er damit fürs erste die gesamte auf das Herrschafts-Knechtschaftsverhältnis gegründete Sozialordnung. Und er bestätigt das ausdrücklich mit den Worten, mit denen er dem seit unvordenklichen Zeiten eingespielten Herrschafts-Knechtschaftsverhältnis seine revolutionäre Alternative entgegensetzt: »Ihr wißt, daß die als Herrscher Geltenden die Völker unterdrücken und daß die Mächtigen ihre Macht mißbrauchen. Bei euch soll es nicht so sein. Vielmehr soll, wer unter euch groß sein will, euer Diener sein, und wer unter euch der Erste sein will, der Knecht von allen« (Mk 10, 42 ff). Doch sein »Dienst« geht weiter. Er stellt nicht nur die Sozialordnung, sondern das menschliche Selbstverhältnis auf eine neue Basis. Wie er es mit dem Wort »Ich bin das Brot des Lebens« (Joh 6, 35.48) zum Ausdruck bringt, zielt er mit seinem Dienst darauf ab, den Seinen zum Lebensinhalt zu werden. Was er damit intendiert, bewirkt er auch. Wer sich seinem Dienst verweigert, läuft daher wie Petrus in der Fußwaschungsszene Gefahr, sich von ihm zu trennen. Wer seinen Dienst annimmt, steht dagegen in der Lebensgemeinschaft mit ihm.

Das Wort vom »Brot des Lebens« schlägt die Brücke zur gleichsinnigen Zeichenhandlung, von der Paulus, der früheste Referent, unter dem Eindruck von Mißständen in der Gemeinde von Korinth berichtet: »Der Herr Jesus nahm in der Nacht, in der er verraten wurde, Brot, sagte Dank, brach es und sprach: Das ist mein Leib für euch. Tut dies zu meinem Gedächtnis! Ebenso nahm er nach dem Mahl den Kelch und sprach: Dieser Kelch ist der neue Bund in meinem Blut. Tut dies, sooft ihr daraus trinkt, zu meinem Gedächtnis!« (1 Kor 11, 23 ff). Nach *Anton Vögtle* lautete das Kelchwort ursprünglich: »Von nun an werde ich von dieser Frucht des Weinstocks nicht mehr trinken bis zu dem Tag, an dem ich von neuem davon trinke im Reiche Gottes« (Mk 14, 25).[103] Auf seine Intention zurückgeführt, spricht aus diesem Wort der geradezu verzweifelte Wille Jesu, die Verbindung mit den Seinen auch durch den Tod nicht abreißen zu lassen, sondern sich über den Tod hinaus in ihnen zu vergegenwärtigen. Dabei geht es ihm der ganzen Absicht nach nicht so sehr um eine individuelle als vielmehr um eine personale, Raum und Zeit, Individuen und Sozietäten übergreifende und doch jedem Einzelnen zugutekommende Gegenwart. Es ist die sakramentale Besiegelung der mystischen Interaktion und Inexistenz, wie sie Paulus mit dem Schlüsselwort: »Ich lebe, doch nicht ich – Christus lebt in mir« (Gal 2, 20) für sich in Anspruch nimmt.

Da sich das Kelchwort ausdrücklich auf den Neuen Bund bezieht, ist im paulinischen Einsetzungswort auch die wechselseitige Selbstvergegenwärtigung der »ein Herz und eine Seele« Gewordenen (Apg 4, 32) mitgemeint. Doch bietet diese allenfalls die soziale Basis für die Selbstvergegenwärtigung, die Jesus den Empfängern des von ihm gesegneten und gebrochenen Brotes zusichert.

Seine Selbstvergegenwärtigung durchbricht aber nicht nur die Individualgrenzen, sondern übergreift auch den Zeitenabstand. Das liegt der wiederholten Aufforderung »Tut dies zu meinem Gedächtnis!« zugrunde. Denn Jesus kann und will, wie *Kierkegaard* betont, niemals zu einem Vergangenen werden.[104] Während alle anderen Religionsstifter in die Vergangenheit abgesunken sind, bleibt er bei uns »alle Tage bis ans Ende der Welt« (Mt 28, 20). Und das nicht nur in der Weise, daß er das Weltgeschehen als mystisches Gestaltprinzip durchwaltet, sondern in der Radikalform seiner Einwohnung im Herzen der Seinen. Deutliche Zeichen der glaubensgeschichtlichen Entwicklung weisen darauf hin, daß dieser »vergessene Gegenstand« (*Söhngen*) wiederentdeckt wird und ins Zentrum des Glaubensbewußtseins zurückkehrt.[105] Nur so geschieht dem Gedächtnis Genüge, zu dem Jesus bei der Einsetzung des Abendmahls aufrief.

Wer ist dieser?

Mit seiner Frage »Wer ist es, Herr?« setzt der Lieblingsjünger des Johannesevangeliums das Passionsgeschehen in Gang, nachdem Jesus, tief erschüttert, den Jüngern erklärte: »Einer von euch wird mich verraten« (Joh 13, 21–25). Doch mit dieser Frage hat er nicht weniger auch die Diskussion um seine Identität ausgelöst und zuvor noch der Kunst einen bedeutsamen Anstoß gegeben. Während die Suche nach seiner Identität noch immer zu keiner Übereinkunft unter den Exegeten geführt hat, liegt das Zeugnis der Kunst in zahlreichen Werken vor. Bei allen Unterschieden gehen sie doch darin einig, daß sie die Gestalt des von ihnen mit Johannes identifizierten Lieblingsjüngers aus der Abendmahlsszene herauslösen und mit Jesus zu einer geradezu symbiotischen Einheit zusammenfügen. Wie in anderen Fällen von vergleichbarer Kühnheit beweist die Kunst auch in diesen Gruppen, die ihre Spitze in der Sigmaringer Christus-Johannes-Gruppe erreichen, daß sie über einen eigenen Zugang zum religiösen Mysterium und den biblischen Berichten verfügt.[106] Denn das Johannesevangelium berichtet zwar von dem bei der Enthüllung des Verräters »an der Brust Jesu« liegenden Jünger und seiner Frage; doch gibt es weder über seine Herkunft noch über sein weiteres Verhalten in der Entlarvungsszene Auskunft. Aufgrund ihres intuitiven Zugangs weiß die Kunst jedoch, daß der ungenannte Jünger mehr zu Jesus als zu den ratlos einander anblickenden Jüngern gehört und bricht ihn deshalb aus deren Kontext heraus, um ihn in seiner Verbundenheit mit Jesus auszuleuchten.

Die theologische Forschung konnte dazu nur wenig beitragen. Zwar erteilte sie in ihren Spitzenvertretern den mit ermüdender Regelmäßigkeit unternommenen Versuchen, den Lieblingsjünger mit einer Gestalt aus dem Jüngerkreis oder mit Lazarus und tendenziell sogar mit Paulus zu identifizieren, eine Absage, indem sie ihn als eine für die Kirche, für den Glaubenden oder für den impliziten Leser (Iser) stehende Symbolfigur ausgab; doch wurde sie damit der der Christus-Johannesgruppe zugrundeliegenden Intuition nicht gerecht.[107] Denn dabei geht es nicht um die Funktion des Lieblingsjüngers, so bemerkenswert diese auch immer ist, sondern um seine Beziehung zu Jesus, die nur an der Gestaltung der Gruppe abgelesen werden kann. Was hat diese dem Betrachter zu sagen?

Schon beim ersten Blick etwas ganz Ungewöhnliches. Da ist der Lieblingsjünger, ganz so, als habe er durch die Herauslösung aus dem Verbund mit seinen Gefährten den Halt verloren, an die Schulter Jesu hingesunken, dazu noch mit geschlossenen Augen, die auf seine Abkehr von der Alltagswelt und sein spirituelles Selbstverhältnis hindeuten. Anstatt mit wachen Sinnen auf sein Umfeld zu reagieren, hat er sich ganz in die Regie Jesu begeben und sich bis in sein Selbstbewußtsein hinein ihm überlassen. Während seine linke Hand auf dem Knie ruht, hat

Die Sigmaringer Christus-Johannes-Gruppe

er die rechte instinktiv in die sie umfangende Hand Jesu gelegt. So entsteht ein kontinuierlicher Austausch zwischen ihm und Jesus, der sich zum Eindruck eines mystischen Kreislaufs verdichtet. Denn die ganze Gruppe atmet den Geist der Mystik, und das, wie die geschlossenen Augen des Jüngers zu verstehen geben, sogar im wörtlichen Sinn des Ausdrucks, da sich »Mystik« auf das mit geschlossenen Augen Wahrgenommene bezieht.[108]

Um diese Wahrnehmung geht es bei der zentralen Deutung der Gruppe. Denn die Haltung des Jüngers gibt zu verstehen, daß er bei seiner Anlehnung mehr sucht als nur den äußeren Halt. Was er an der Schulter Jesu sucht, ist vielmehr die Befestigung in seiner Hinfälligkeit, die Antwort auf seine Sinnfrage und in alledem jene Identität, die er, nach der Sprache der ineinandergelegten Hände zu schließen, in der Hingabe an Jesus findet. Was sich in der Körpersprache des Jüngers ausdrückt, entspricht nachgerade wörtlich dem paulinischen Schlüsselsatz: »Ich lebe; doch nicht ich – Christus lebt in mir« (Gal 2, 20). Was das für Jesus besagt, gibt sein Verhältnis zu dem an ihn gelehnten Jünger zu verstehen: er hat sich auf dessen Zuwendung eingestimmt, wenn nicht gar davon abhängig gemacht, so daß auch er seine Identität in dessen Hingabe findet. Der Glaube des Jüngers an ihn ist sein Selbstbewußtsein in ihm. Zur Vervollständigung dessen muß aber auch noch nach der Funktion des Lieblingsjüngers gefragt werden. Worin besteht sie?

Wenn man bedenkt, daß der Lieblingsjünger mit seiner Frage: »Wer ist es, Herr?« das ganze Passionsgeschehen in Gang setzt, bewirkt er dasselbe auch bei dessen verstehendem Mitvollzug. In der Terminologie Wolfgang Isers ist er die Konfiguration des »impliziten Lesers«.[109] *Um zu verstehen, was in und mit der Passionsgeschichte gesagt ist, muß sich der empirische Leser daher in ihn hineinversetzten und dieselbe Frage an den von der Vorahnung seines Leidens erschütterten Jesus richten. Und dieser wird nicht zögern, auch ihn zum Mitwisser seines Leidensweges werden zu lassen: seines Gebetskampfes in Getsemani (Lk 22, 39–46), seiner todbringenden Antwort auf die Frage des Hohepriesters nach seiner Gottesohnschaft (Mk 14, 50–54), seiner Verurteilung durch Pilatus und seiner Verhöhnung durch die Soldateska (15, 1–20), der Totenklage der ihn auf seinem Richtgang begleitenden Frauen (Lk 23, 27–31), seiner Fürbitte für die ihn kreuzigenden Henker und seiner Tröstung des mitgekreuzigten Leidensgefährten (23, 34.39–43), insbesondere aber seines Todesschreis, den der Hauptmann des Exekutionskommandos mit dem Bekenntnis seiner Gottessohnschaft beantwortet (Mk 15, 37 ff). In alledem aber trifft den Leser ein Strahl, der ihn ermutigt, sich in der Gestalt des Lieblingsjüngers wiederzuerkennen und sich ganz in seine Rolle als Leidensgefährten hineinzuleben.*

18

Geängstet und verurteilt

Das Schicksal des Christentums in der westlichen, einem »Zeitalter der Angst« (*Auden*) verfallenen Welt wird sich daran entscheiden, ob es ihm gelingt, sich aus einer Religion vielfältiger Angstsuggestionen (*Pfister*) in die ihm eingestiftete Religiosität der Angstüberwindung zurückzuverwandeln.[110]

Denn in seinem Zentrum steht der, der sich mit dem Wort »In der Welt habt ihr Angst, doch faßt Vertrauen: ich habe die Welt überwunden« (Joh 16, 33) von seinem Erdenleben verabschiedet und der als Auferstandener mit dem Ruf »Ich bin es; fürchtet euch nicht!« (Joh 6, 20) auf die Seinen zugeht. Doch zuvor ergreifen ihn selbst in Getsemani »Furcht und Angst« (Mk 14, 33), die sich zur Todesangst steigern, da er bei seinen Jüngern nicht den erbetenen Beistand findet (14, 37.41). Die bittere Hefe im Kelch seiner Angst ist somit die durch das Versagen der Jünger erlittene Einsamkeit. Daß damit nicht so sehr eine Episode vom Beginn der Leidensgeschichte Jesu als vielmehr ein Weltzustand beschrieben ist, brachte *Blaise Pascal* mit dem Wort zum Ausdruck: »Bis ans Ende der Welt dauert die Agonie Jesu; solange darf man nicht schlafen«.[111] Denn das Leiden Jesu ist, wie *Ewald Wasmuth* dieses Wort erläutert, grenzenlos; es durchzieht die ganze Welt und die gesamte Geschichte der Menschheit.[112] Deshalb muß man lernen, die eigene Lebensangst mit der Todesangst Jesu in Getsemani zu verbinden, wie dies *Gertrud von le Fort* paradigmatisch am Beispiel der Titelheldin ihrer Novelle »Die Letzte am Schafott« dargestellt hat. Zur Konfiguration der Todesangst einer ganzen zu Ende gehenden Zeit geworden, zerbricht die neurotisch geängstete Blanche zwar an den dramatischen Umständen ihrer Lebenswelt, um dann jedoch, gestützt auf ihre Schicksalsgemeinschaft mit dem geängsteten Jesus, das Todeslied ihrer in den Schreckenstagen der Französischen Revolution hingerichteten Schwestern zuende zu singen und mit ihnen zu sterben. Damit unterläuft die Dichterin die psychologische (*Riemann*) und philosophische (*Jaspers*) Analyse der Angst, indem sie ihre metaphysische Herkunft aus der Todverfallenheit des Menschseins aufdeckt und sie mit *Kierkegaard* als religiöses Grundphänomen erweist.[113] In der Vereinigung mit der Todesangst Jesu aber wird sie bei ihr zur Umschlagstelle von menschlicher Schwäche und göttlicher Hilfe und damit zum Quellgrund gottgeschenkter Kraft.

Auf die innere Prüfung folgt in der Passionsgeschichte die äußere vor dem Richterstuhl des Hohenpriesters, die nach *Martin Buber* trotz mancher Unstimmigkeiten einen historischen Kern enthält. »Wer bist du? ist er nun selber gefragt worden, wie er einst die Jünger fragte, wer er sei, er aber, mit fernen Augen, antwortet dem Sinn nach: Ihr werdet den sehen, der ich werden soll. *Er* sieht ihn jetzt: ich bins. Er sagt es nicht, doch gibt es Hörer, die es zu hören meinen, weil sie ihn, den Sehenden, sehen.«[114] Die Deutung Bubers schlägt aber nicht nur die Brücke zurück zur Szene der Jüngerbefragung, in der Jesus seine Lebenskrise überwindet, sondern auch nach vorn zur Auferstehung. Denn mit der Schau seiner künftigen Verherrlichung, zu der sich Jesus in seiner Antwort auf die Frage des Hohenpriesters bekennt, stößt er zugleich eine Blickbahn auf, in welche die Zeugen seiner österlichen Erscheinungen eintreten. Sie sehen ihn, weil sie von ihm gesehen und von seinem Blick getroffen sind, der sie in seine eigene Schau hineinnimmt. Das aber hat zur Voraussetzung, daß Jesus zu Beginn des Prozesses zu neuer und nunmehr höchster Identität gelangte, jetzt aber nicht im Sinn der durch Akte der Hingabe und Selbstübereignung gewonnenen, sondern so, wie es das Wort von seinem Kommen auf den Wolken des Himmels zum Ausdruck bringt (Mk 14, 62). Es ist dies die Identität des zu Gott Aufgenommenen, der im Begriff steht, zu seinem Ursprungsort am Herzen des Vaters (Joh 1, 18) zurückzukehren, und der nun seine Wiederkunft von dort ankündigt. Am Schluß seiner Abschiedsreden bestätigt Jesus das, wenn er den Jüngern vorwirft: »Die Stunde kommt und sie ist schon da, in der ihr versprengt werdet, dorthin, wo jeder hingehört. Mich aber laßt ihr allein« (Joh 16, 32). Doch in der menschlichen Verlassenheit weiß er sich bereits in jener Liebe geborgen, von der sein Weg den Ausgang nahm: »Ich aber bin nicht allein; denn der Vater ist bei mir«.[115] *Joseph Bernhart* hat das am Rand sprachlicher Ausdrucksfähigkeit mit den Worten intoniert: Sein Kreuzesleiden habe ihm zuletzt den Todesschrei seiner Gottverlassenheit ausgepreßt. »Die merklich fühlbare Gewißheit, Gottes Sohn zu sein, hat ihn verlassen, und so ruft er nicht ›mein Vater!‹, er ruft wie jedes Geschöpf in Not ›mein Gott!‹ Aber unendlich mehr als menschliche Seins- und Todesnot ist diese Drangsal gottmenschlichen Sterbens. Im Schrei des Abgestoßenen ruft der Gerechte zu der Gerechtigkeit, der heilige Wille zum unbegreiflichen Willen des Allheiligen selbst. Gott ist nicht mehr da beim Gottverlassenen, aber der Gottverlassene ruft ihn – Deus meus, Deus meus –, denn er ist da, und tiefer kann er nicht empfunden werden als in der Gottverlassenheit. Darum ist der Schrei des Gottverlassenen ein Gebet, in dem die menschliche Natur gleichsam, als wenn Gott nicht wäre, ihn erschafft mit ihrem innersten Rufe im Namen aller Kreatur.«[116]

Am Kreuz vollendet

Im Blickfang des Mausoleums der Kaiserin Galla Placidia von Ravenna steht das Mosaik des thronenden Hirten, der in seiner Linken das goldglänzende Triumphkreuz wie eine Standarte hält, während er mit seiner Rechten ein sich ihm zuwendendes Schaf liebevoll streichelt. Er trägt das kaiserliche Purpurgewand, lang herabwallendes Haar und weist mit dem Zeigefinger auf den Schnittpunkt des Kreuzes hin, während sein Blick in eine unbestimmte Ferne gerichtet ist. Flankiert ist das vom Hirten liebkoste Schaf von weiteren, teils stehend, teils liegend dargestellten Tieren, die dem Hirten aufmerksam zugewandt sind, ganz so, als hörten sie gespannt auf seine Stimme. Die Szene steht in einem vielfältigen Zusammenhang, so schon mit einem antiken Dionysos-Mosaik, das es bis in Einzelzüge hinein wiederholt, aber auch, wie Friedrich Gerke nachwies, mit ähnlichen Darstellungen in den römischen Katakomben oder in Dura-Europos.[117] Sie alle überragt das Mosaik durch die Architektur seines Aufbaus, die Symmetrie seiner Komposition und die Feinheit seiner Gestaltung. In seiner faszinierenden und unmittelbar einleuchtenden Bildsprache steht es jedoch in einer unverkennbaren Spannung zu seiner Aussage. Fraglos bezieht sich diese auf das neutestamentliche Hirtenmotiv, dies jedoch ersichtlich nicht in seiner lukanischen Version, die von der Freude des Hirten über das verlorene und schließlich wiedergefundene Schaf berichtet (Lk 15, 3–7). In diesem Fall hätte sich die Freude des Hirten zweifellos im Gestus des von ihm auf die Schultern genommenen Schafes bekundet.

In dem Mosaik dominiert dagegen die johanneische Version des Hirtenmotivs, die ihren Schwerpunkt im gegenseitigen Erkennen von Hirt und Schafen hat. Doch der johanneische Erkenntnisbegriff hat eine Tiefendimension, die den für das vierte Evangelium zentralen Lebenszusammenhang Jesu mit den Seinen betrifft. Als Licht leuchtet er in die Finsternis (Joh 1, 6), um denen, von denen keiner Gott je gesehen hat, die rettende Kunde von seiner Herkunft vom Herzen Gottes zu bringen (1, 18). Ihnen gilt sein Hirtenwort: »Ich kenne die Meinen, und die Meinen kennen mich, wie mich der Vater kennt und ich den Vater kenne« (Joh 10, 14 f). Und im selben Sinn versichert er in seinem Abschiedsgebet: »Ich habe ihnen deinen Namen kundgetan und werde ihn weiter kundtun, damit die Liebe, mit der du mich geliebt hast, in ihnen sei und ich in ihnen« (17, 26). Hier wird die erkenntnisstiftende Kundgabe definitiv zur Lebens- und Liebesverbindung. Wenn der gute Hirt versichert: »ich gebe mein Leben hin für meine Schafe« (10, 15), ist damit nicht nur seine Hingabe in den Tod angesprochen, sondern seine lebenstiftende Selbstübereignung an die Seinen. Selbst der Tod ist für den Johannesevangelisten (nach 13, 1) mehr Liebes- als Opfertod und als solcher der Liebesbeweis Jesu »bis zum Äußersten«.[118]

Mausoleum der Galla Placidia: Das Hirtenmosaik

Vor diesem Hintergrund wird das Mosaik auf neue Weise lesbar. Es erschließt die Mitte des Christentums und diese als die Erkenntnis- und Lebensgemeinschaft mit Jesus. Durch sein Kreuz hat er sein Lebenswerk gekrönt und das Gottesgeheimnis definitiv entsiegelt. Nun nimmt er die mit den zu ihm aufblickenden Schafen Gemeinten in die Gemeinschaft der Seinen und in das von ihm erschlossene Geheimnis hinein.

Der sich bietende Anblick ist ebenso Anfang wie Ziel. Denn das Mosaik erscheint über dem Eingang des Mausoleums, so daß es den Betrachter ebenso einstimmt, wie es ihn beim Verlassen des Raumes nochmals gefangennimmt und sich ihm als Summe des inzwischen Geschehenen einprägt. Was seinen Blick auf der Gegenseite des tonnenförmigen Gewölbes fesselt, ist die Darstellung des Märtyrers Laurentius, der sich weigerte, die heiligen Schriften herauszugeben, und deshalb zum qualvollen Tod auf dem glühenden Rost verurteilt wurde. Deshalb erscheint er, mit dem Kreuz des thronenden Hirten auf seiner Schulter und dem aufgeschlagenen Buch in der Hand, wie er auf den von Feuerflammen erhitzten Rost zuschreitet, während in einem offenen Behälter auf der Gegenseite die heiligen Bücher mit den Namen der Evangelisten sichtbar werden. Wie »im Feuer erprobt« wird er in die Lebensgemeinschaft mit dem von ihm durch sein Blutzeugnis Verherrlichten eingehen. Inzwischen erblickt der Betrachter in den Lünetten eine Reihe von Apostelgestalten, die wie Petrus und Paulus an ihrer Spitze für ihren Glauben in den Tod gingen und mit den Schafen des Hirten identifiziert werden können. Zuvor aber zieht der in einem goldenen Kreuz zentrierte Sternenhimmel in der Flachkuppel des kreuzförmigen Raumes seinen Blick auf sich. Dabei wird er in das Geheimnis des von Jesus entdeckten und in seinem Kreuzestod enthüllten Gottes entrückt, der sich in den flankierenden Evangelistensymbolen, die hier in letzter Steigerung wiederkehren, mitteilt. Von dieser Entrückung getragen, fällt der Blick des Betrachters ein letztes Mal auf das Hirtenmosaik, in dem ihm nun der Thronende als die Verkörperung des im Sternenhimmel erstrahlenden Kreuzes und damit als der leibhaftige Inbegriff der Gottesoffenbarung erkennbar wird. Die zärtliche Geste, mit der er sich des mit Petrus identifizierbaren Schafes annimmt, begreift er nunmehr als Zeichen seiner Hinwendung und Selbstübereignung, durch die er die Seinen in die Lebensgemeinschaft mit sich und seinem Gott aufnimmt.[119] So meint das Mosaik ebenso Gegenwart wie Zukunft: die Gegenwart des mystischen Leibes Christi, indem er als Haupt die Seinen belebt, inspiriert und motiviert, und die Zukunft seiner Herrlichkeit, in die er durch seine Auferstehung vorangegangen ist, um die Seinen aufzunehmen, damit sie dort seien, wo er ist (Joh 14, 3).

19

Mißhandelt und gekreuzigt

Von den Jüngern alleingelassen, wußte sich Jesus (nach Joh 16, 32) doch noch in der Obhut des Vaters geborgen. Jetzt aber entgleitet er dessen Händen, um an seine Feinde ausgeliefert zu werden (Mk 9, 31). Er, der nach der satanischen Insinuation auf Engelhänden getragen werden sollte (Lk 4, 11), gerät jetzt in die Hände derer, die ihm ins Gesicht schlagen (Mt 26, 67), ihn auspeitschen (Lk 23, 16), ihm eine Dornenkrone aufs Haupt setzen und ihn verhöhnen (Mt 27, 28 ff), um ihn schließlich ans Kreuz zu schlagen. Dabei muß er es nach dem ältesten Passionsbericht sogar hinnehmen, daß er am Kreuz mit den Worten verhöhnt wird: »Andern hat er geholfen, sich selbst kann er nicht helfen« (Mk 15, 31). Auch aus dem Kreuzestitel, von dem die Johannespassion berichtet (Joh 19, 19–22) spricht die Verhöhnung seiner Messiaswürde. Während diese aus theologischen Gründen darauf abhebt, daß Jesus sein Kreuz selbst zum Richtplatz hinausträgt (19, 17), berichten die Synoptiker davon, daß Simon von Cyrene vom Hinrichtungskommando gezwungen wird, ihm das Kreuz nachzutragen (Lk 23, 26). Diesen Eindruck einer »teilnehmenden Begleitung« des Kreuzesgeschehens verstärkt die Lukaspassion in zweifacher Hinsicht. Einmal durch den Bericht von der von »vielen Frauen«, zweifellos unter Führung von Maria aus Magdala für Jesus gehaltenen Totenklage (23, 27–31), sodann durch das Gespräch Jesu mit dem mitgekreuzigten Leidensgefährten (23, 39–43). Während der andere der mitgekreuzigten Delinquenten in den Chor des Hasses einstimmt, bittet ihn dieser: »Denk an mich, wenn du in dein Reich kommst« (23, 42). Und Jesus tröstet ihn mit der Verheißung der baldigen Aufnahme in seine paradiesische Herrlichkeit (23, 43).[120]

Getreu seiner Absicht, Jesus als den großen Beter herauszustellen, läßt der Lukasevangelist ihn dann auch betend sterben. So schon mit der Fürbitte für seine Peiniger: »Vater, vergib ihnen; denn sie wissen nicht, was sie tun!« (23, 43). Und dann mit seiner Ausdeutung des Todesschreis: »Vater, in deine Hände übergebe ich meinen Geist!« (23, 46). Daß er den rettenden Vaterhänden entglitten und in die Hände seiner mörderischen Gegner gefallen war, konnte sein Vertrauen nicht erschüttern; und so übergibt er sich sterbend wie der heimgekehrte verlorene Sohn (15, 20–24) den ihn aufnehmenden Händen des Vaters. In die sich damit öffnende Tiefe des Kreuzesgeschehens stieß *Nietzsche* mit dem alle vorangegangene Kreuzesdeutung überbietenden Wort aus seinem »Antichrist« vor: »Und er bittet, er leidet, er liebt mit denen, in denen, die ihm Böses tun«.[121] Danach hat Jesus nicht nur in seiner Todes-qual für seine Feinde, sondern in ihrem mörderischen Tun gebetet, und sie nicht nur trotz ihrer Grausamkeit, sondern in ihrem Haß geliebt und diesen dadurch überwunden und in seine allumfassende Liebe aufgehoben.

Das war für den Johannesevangelisten Anlaß, seine Passionsgeschichte mit dem Satz zu überschreiben: »Da er die Seinen liebte, liebte er sie bis zum Äußersten« (Joh 13, 1) und damit die von Jesus erlittene Passion als eine ein-zige Liebestat zu deuten. Dem Eindruck des Erliegens und Scheiterns setzt er damit den Gedanken entgegen, daß Jesus sein im Zeichen sich steigernder »Wohltaten« (Apg 10, 38) und damit höchster Aktivität stehendes Lebens-werk mit seinen Leiden krönte, so daß dieses als ein Handeln höherer Ordnung begriffen werden muß. Deshalb überhöht er die lukanische Deu-tung des übersprachlichen Todesschreis in den sieghaften Ausruf: »Es ist voll-bracht!« (Joh 19, 30). Das läßt darauf schließen, daß der Todesschrei Jesu, von dem die älteste Passionsgeschichte berichtet (Mk 15, 37), eine ganze Reihe von Anklängen umfaßt; angefangen von der aus ihm von der Urgemeinde heraus-gehörten Notschrei über seine Gottverlassenheit (Ps 22, 2), der sich in hinter-gründiger Paradoxie gerade an den wendet, von dem er sich verlassen fühlt, bis hin zu seiner lukanischen Deutung als Gebetsruf (Lk 24, 46) und seinem johanneischen Verständnis als Vollendungs- und Siegesruf (Joh 19, 30). Doch in ihm vollendet sich dann auch alles, wofür Jesus gelebt hatte. Deshalb klingt in seinem Todesschrei auch, wie dies die Lukaspassion mit der Bitte des Mitgekreuzigten bestätigt (Lk 23, 42), seine Verkündigung des Gottesreiches nach (Mk 1, 14), ebenso aber auch seine Einladung an die Bedrückten und Beladenen (Mt 11, 28), sein Heilsruf am Laubhüttenfest (Joh 7, 37 f), aber auch sein Ringen mit dem Willen des Vaters (12, 27 f; Lk 22, 42) ebenso wie sein Machtwort, mit dem er die Schau seiner Herrlichkeit für die Seinen ein-fordert (Joh 17, 24). Vor allem aber ist der Todesschrei Jesu seine Antwort auf die Himmelsstimme, die ebenso nach seiner Taufe (Mk 1, 11) wie auf dem Berg der Verklärung (9, 7) und schließlich in menschlicher Brechung auf dem Höhepunkt seiner Lebenskrise durch den Mund des Freundes an ihn erging (Mt 16, 16).[122] Doch der Himmel bleibt, so sehr das der Chor des Hasses beschworen hatte (Mk 15, 29–32), nicht stumm. Zwar antwortet er nicht, wie es ihm die Peiniger höhnisch unterstellen, mit der Entsendung eines retten-den Nothelfers (15, 35 f), wohl aber, jenseits aller sichtbaren Vorgänge, mit und durch Gott selbst, indem er den Sterbenden durch seinen rettenden

Selbsterweis in seine ewige Lebensfülle aufnimmt. Im Anschein seiner äußersten Schwäche reißt Gott das tödliche Geschehen an sich, so daß auf Golgota nicht der Hass der Menschen, sondern die Liebe Gottes das letzte Wort behält. Deshalb kommentiert der Befehlshaber des Exekutionskommandos diesen Aufschrei des Sterbenden mit dem Bekenntnis: »Wahrhaftig, dieser Mensch war Gottes Sohn!« (15, 39). Und mit seinem Ausruf respondiert die durch die Passionsgeschichte angesprochene Gemeinde auf den an sie ergangenen Anruf mit ihrem Bekenntnis zur Gottessohnschaft Jesu.

Anonymer Meister: Christus und Caritas

Von der Liebe durchbohrt

Die Passion Jesu ist angesichts ihres Umschlags in seine Auferstehung die Wende von seiner Lebens- zu seiner Wirkungsgeschichte. Denn im Unterschied zu allen andern Religionsstiftern ist er in seinem Tod nicht in die Vergangenheit abgesunken; vielmehr lebt er als »lebendigmachender Geist« (1 Kor 15, 45) in den Seinen durch alle Zeiten fort.[123] Daran gemessen bringt die übergroße Anzahl der Passions- und Kreuzesdarstellungen allenfalls die als Sühneleistung verstandene Wirkung seines Kreuzestodes zum Ausdruck, nicht jedoch dessen Motivation und deren Konsequenz in Gestalt seines Fortlebens. Die große Ausnahme davon macht das Tafelbild »Christus und Caritas« des Kölner Wallraf-Richartz-Museums. Trotz seines Todes, auf den der Lanzenstoß (nach Joh 19, 33) verweist, steht der durch die Wundmale Gekennzeichnete vor der in feierlichem Ornat vor ihm knienden Caritas, die in ihrer Linken die Lanze hält, mit der sie seine Seite durchbohrte, während sie mit ihrer Rechten das seiner Seitenwunde entströmende Blut in einem Kelch auffängt. Die ungewöhnliche Darstellung hat ihre Vorläufer in spätmittelalterlichen Kreuzesbildern, auf denen Jesus anstatt von seinen Henkern von den Tugenden ans Kreuz geschlagen wird. In der Frage nach dem innersten Beweggrund der Passion überschritt die Kunst aufgrund ihres intuitiven Zugangs zum religiösen Mysterium damit die im Satisfaktionsmotiv befangene Theologie in Richtung auf die Deutung, mit der der Johannesevangelist seinen Passionsbericht überschrieb: »Da er die Seinen, die in der Welt waren, liebte, liebte er sie bis zum Äußersten« (Joh 13, 1). Auf der höchsten Reflexionsstufe des Neuen Testaments vollbringt Jesus demnach keine ihm abverlangte Sühneleistung; vielmehr zieht er in seinem Tod die letzte Konsequenz aus seiner Herkunft vom Herzen des liebenden Gottes (1, 18) und seiner Sendung als Bote der Liebe.[124]

Während die Theologie bis auf wenige Ausnahmen (Wilckens) der Kunst nicht bis in diese Höhe zu folgen vermochte, brachte es eine unterschwellige Logik mit sich, daß Nietzsche in seiner aggressivsten Schrift gegen das Christentum, dem »Antichrist«, mit der Deutung der Kunst in seiner Würdigung des Verhaltens Jesu am Kreuz mit der hellsichtigen Aussage gleichzog, daß der Gekreuzigte nicht nur für seine Peiniger (Lk 23, 43), sondern in ihnen gebetet und geliebt habe.[125] Deshalb war sein Tod der krönende Beweis seiner Liebe, die in dieser letzten Steigerung, zusammen mit den ihm Zugewandten, sogar seine Feinde umfaßte. So gesehen ist sein Tod die Überwindung der auf Intoleranz, Haß und Gewalt gegründeten Verhältnisse und die Verheißung einer auf seine bis in den Tod bewiesene Liebe gegründeten Weltordnung. Daher ist dieser Tod erst dann wirklich gewürdigt, wenn die an ihn Glaubenden sich von seiner Liebe ergreifen lassen und ihm auf seinem mit allen Konventionen brechenden Weg in die einzig menschenwürdige Lebensform folgen.

20

Aufschreiend und aufgenommen

Nach dem Bericht des Johannesevangeliums steht das Todesurteil über Jesus schon fest (Joh 11, 49–53), bevor es vom Hohenpriester formell über ihn verhängt (Mk 14, 61–64), bei Pilatus anhängig gemacht (15, 1–5) und von diesem nach einigem Zögern bestätigt wird (15, 13 ff). So nimmt das über Jesus hereingebrochene Todesschicksal seinen unerbittlichen Lauf. Und er stirbt, »ohne Dankbarkeit bei denen zu finden, die er zu Dank verpflichtet hatte, noch Treue bei seinen Freunden, noch Gerechtigkeit bei seinen Richtern. Seine Unschuld, obwohl anerkannt, rettet ihn nicht; selbst sein Vater, auf den er seine ganze Hoffnung gesetzt hatte, verweigert ihm alle Erweise seines Schutzes; der Gerechte wird seinen Feinden ausgeliefert, und er stirbt, verlassen von Gott und den Menschen« (*Bossuet*).[126] Diese wachsende Verlassenheit Jesu spiegelt sich in seinen Kreuzesworten. Da ihm der Notschrei »Mein Gott, mein Gott, warum hast du mich verlassen?« (15, 34) in Erinnerung an das gleichlautende Psalmwort (Ps 22, 2) in den Mund gelegt wurde und die Gebetsrufe der Lukaspassion (Lk 23, 34.46), die von den fernstehenden »Bekannten und Frauen« (23, 49) nicht gehört werden konnten, offensichtlich auf die gleichlautenden Worte der Stephanuspassion (Apg 7, 59 f) zurückgehen, bleibt als sicher überlieferte Äußerung nur sein mit letzter Kraft ausgestoßener und weithin hörbarer unartikulierter Todesschrei (Mk 15, 37).

Als akustisches Vermächtnis Jesu muß dieser, wie bereits angesprochen wurde, in seiner Bedeutungsfülle vernommen werden. Ausgestoßen aus höchster Todesnot ist er fürs erste ein Not- und Schmerzensschrei am Ende eines qualvollen Todeskampfes und der ihm vorangegangenen Torturen. Angesichts der ihm entgegenschlagenden Verhöhnung (Mk 15, 29 ff) ist er aber nicht weniger ein Entsetzensschrei über das ihm angetane Unrecht und die schreckliche Undankbarkeit, die er jetzt für sein sich um die politische und religiöse Rettung seines Volkes verzehrendes Lebenswerk erfährt. Unter dem Eindruck des Ausbleibens aller himmlischen Hilfe ist er ebenso ein Verzweiflungsschrei, mit dem er sich und seine Sache dem sich ihm entziehenden Gott übergibt. Nach dem Johannesevangelisten mischt sich in diese Verzweiflung jedoch die Gewißheit, mit dem Kreuzestod das ihm aufgetragene Lebenswerk vollendet zu haben, sodaß sich der Todesschrei zum Bekenntnis »Es ist vollbracht« (Joh

19, 30) steigert und nun geradezu als Freudenschrei des am Ziel seines Auftrags Angelangten hörbar wird.[127]

Doch mit diesem Hören hat es eine besondere Bewandtnis. Wenn man sich an Darstellungen erinnert, in denen Jesus von den Tugenden gekreuzigt und von der »Caritas« durchbohrt wird, geschieht hier offensichtlich das Umgekehrte. Dann »bohrt« sich Jesus mit seinem Todesschrei in das Herz des Hörers hinein, so wie er mit ihm zuvor an das Herz des sich ihm entziehenden Gottes rührte. Die Reaktion Gottes ist ebenso geheimnisvoll wie eindeutig. Zwar versagt er ihm jede erwartete Hilfe. Weder raffen sich die geflohenen Jünger unter dem Eindruck des Geschehens zu einer Rettungsaktion auf, um den von ihnen Verlassenen aus seinen Qualen zu befreien, noch erscheint der aufgrund ihres Mißverständnisses von seinen Peinigern erwartete himmlische Nothelfer, um seinem Leiden ein Ende zu setzen. Statt dessen beantwortet Gott den Todesschrei seines Sohnes mit einem Akt der Selbstübereignung, durch den er den Sterbenden dem Tod entreißt und in seine Lebensfülle aufnimmt.[128] Was nach drei Tagen in den Ostervisionen in Erscheinung tritt, ereignet sich somit schon am Kreuz. In ihm ist auch – und vor allem – in dem Sinn Heil, daß Gott seine Sache im Zeichen des Erliegens zum Sieg führt und dadurch, mit Paulus gesprochen, seine »Torheit« als Inbegriff der Weisheit und seine »Schwäche« als den seiner Übermacht erweist (1 Kor 1, 25).

Wenn aber der Todesschrei mit solcher Wirkung an das Herz Gottes rührte, wird er dann nicht gleicherweise auch das Menschenherz bewegen? Muß es dann aus diesem Schrei nicht die Stimme dessen heraushören, die nach ihm ebenso sucht, wie er an das Herz Gottes rührte? Ergeht es ihm dann nicht wie Pascal, der in seinem »Mysterium Jesu« die Zusicherung vernahm: »An dich dachte ich in meinem Todeskampf; jeden Tropfen Blut habe ich für dich vergossen«?[129] Gott beantwortete den Schrei des Gekreuzigten mit seinem rettenden Selbsterweis und der Aufnahme des zu ihm Aufschreienden in seine Lebensfülle. Demgemäß müßte auch die Antwort des vom Todesschrei Jesu Getroffenen darin bestehen, daß er ihn, wie es dem Ziel des Christenglaubens entspricht, in sich aufnimmt, um sich von seinem Geist beleben und von seiner »Liebe bis zum Äußersten« (Joh 13, 1) bewegen zu lassen.

Im Gottesglanz erstrahlend

Das dichte Ideengeflecht, das den Isenheimer Altar kennzeichnet, führt letztlich auf die Auferstehung, in der Christus wie eine vom vielfarbigen Rund seiner Gloriole umgebene Sonne im Dunkel der Weltennacht erstrahlt. In ihm findet die Lichtgestalt unter dem Torbogen des Engelkonzerts ihre Erfüllung. In sein Grabtuch, das wie eine sengende Flamme auf die Wächter herabschlägt, ist die auf das Lendentuch des Gekreuzigten hinweisende zerschlissene Windel des Kindes, zusammen mit dem Wiegentuch eingeflochten. Ebenso feiern die Farben des Engelkonzerts und der Madonna hier ihre krönende Apotheose. Und doch ist die Erscheinung des Auferstandenen zugleich mehr als die Summe, die sie aus dem Gesamtwerk zieht. Niedergeworfen von seiner Erscheinung sind in den zu Boden gestreckten Grabwächtern zugleich die Dämonen der Versuchungsszene endgültig besiegt. Und in der Finsternis der Gottesnacht, in die der Gekreuzigte hineingestorben ist, geht er auf wie eine kosmische Sonne. Vor allem aber zeigt sein Gesicht, verglichen mit seinem Gesichtsausdruck als Leidender, völlig neue, den Betrachter ansprechende und ihn für sich einnehmende Züge. Dieses Gesicht wirkt wie eine visuelle Umsetzung des Paulusworts: »Verschlungen ist der Tod vom Sieg. Tod, wo ist dein Sieg? Wo ist, o Tod, dein Stachel« (1 Kor 15, 54 f) und nicht weniger wie eine Visualisierung seiner Aussage: »Gott, der gesagt hat: aus Finsternis erstrahle Licht; er hat es auch in unseren Herzen tagen lassen zum strahlenden Aufgang der Gottherrlichkeit im Antlitz Christi« (2 Kor 4, 6).[130] Die Passion, die noch in den strahlenden Wundmalen seiner Hände nachklingt, liegt weit hinter ihm. In seinem Gesicht spiegelt sich die Freude dessen, der alles überwunden hat und an sein höchstes Ziel gelangt ist, und zugleich die Sehnsucht dessen, der alle an sich ziehen und in seine Herrlichkeit aufnehmen möchte. Ihnen wendet er seine wie zu einer Umarmung geöffneten Arme zu, und ihnen zeigt er die verklärten Wundmale seiner Hände. So entspricht das Werk dem großen Wort Joseph Bernharts: »Er ist auferstanden, aber mit Wunden; mit Wunden, aber mit verklärten«.[131]

So entspricht es aber vor allem auch dem Auferstehungsverständnis des Apostels Paulus, für den der Auferstandene nach Überwindung seines »letzten Feindes«, des Todes (1 Kor 15, 28), zum »lebendig machenden Geist« geworden ist (15, 45), um allen durch den Glauben an ihn einzuwohnen (Eph 3, 17). Aus der Geste des Auferstandenen spricht indessen auch seine große Einladung an die

Bedrückten und Beladenen (Mt 11, 28), denen er die Ruhe der Lebensgemeinschaft mit sich zusichert, wie es die von Thorwaldsen für die Frauenkirche von Kopenhagen geschaffene Christusstatue zum Ausdruck bringt, in der die Erinnerung an die Auferstehung des Isenheimer Altares nachklingt.[132] So gesehen hat diese als die Ikone zu gelten, die den Betrachter an das weithin vergessene Motiv der Einwohnung Christi im Herzen der Seinen erinnert. Wenn er sich in das Antlitz des Auferstandenen vertieft, sieht er sich von dem erblickt, der seinen Himmel nirgendwo anders als im Herzen der Seinen sucht und keinen anderen Dank für die Großtat seines Lebens und Leidens als den der Annahme dieses einzigartigen Anerbietens erwartet.

21

Auferstanden und absteigend

Die Auferstehung Jesu ist der Mittel- und Drehpunkt des ganzen Christentums, das mit dem Osterglauben steht und fällt. Ihm verdankt es ebenso seine eigene Entstehung wie die seiner Urkunde, des Neuen Testaments. Deshalb strahlt die Auferstehung Jesu vielfältig in die von den Evangelisten erzählte Lebensgeschichte zurück, so in seine Ernennung zum Gottessohn (Mk 1, 11; Röm 1, 4), in den Bericht von seiner Verklärung (Mk 9, 2–8; 2 Petr 1, 17 ff) und in den von der Erweckung des Lazarus (Joh 11, 17–44), in der sich in szenischer Entfaltung das in der Kerkerszene von *Beethovens* »Fidelio« nachklingende Wort von der in die Gräber dringenden Stimme des Gottessohnes spiegelt (Joh 5, 25–28). In diesen Berichten schlägt das ältere von *Martin Buber* in Erinnerung gerufene Verständnis der Todüberwindung durch. Wie es im Wort des apokalyptischen Engels nachklingt, ergeht danach an den Gekreuzigten der Ruf: »Komm herauf!« (Offb 4, 1), dem er nach dem Vorgang von Elija und Mose, den himmlischen Zeugen seiner Verklärung (Mk 9, 4), durch seine Entrückung in den »göttlichen Bereich« Folge leistet. Danach erfolgt die Auferweckung Jesu dieser älteren Auffassung zufolge nicht in Form eines Eingriffs in das (nach Röm 8, 20) der Nichtigkeit unterworfene todverfallene Dasein, sondern genealogisch, durch die Aufnahme des Gekreuzigten in die Lebensfülle Gottes, die (nach Röm 1, 4) seiner »Einsetzung« in die Gottessohnschaft gleichkommt.[133] So entspricht es der bereits erwähnten Einsicht *Martin Deutingers*, nach der Gott nicht so sehr der Creator als vielmehr der Genitor der Geschichte ist, durch die immer dann, wenn er diese näher an sich zieht, der von *Hegel* beschworenen »Ruck« hindurchgeht.[134] Und so scheint sie schließlich im Osterbild des Isenheimer Altares auf, wenn der Auferstandene sich wie eine kosmische Sonne aus dem Grab erhebt.

In der christlichen Rezeption hat sich, beginnend mit den Osterszenen der Evangelien, dagegen die faktizistische Auffassung der Auferstehung durchgesetzt, die von einem göttlichen Eingriff in das Todesgeschehen auf Golgota ausgeht. Deshalb die Erzählungen von der Beisetzung Jesu (Joh 19, 38–42), von dem durch ein Erdbeben offengelegten leeren Grab (Mt 28, 2 ff), vom Kommen des Auferstandenen durch verschlossene Türen (Joh 20, 19.26), vom Beweis seiner Identität durch den Vorweis seiner Wunden (Lk 24, 39; Joh 20,

20.27), durch das Essen vor den Augen der Jünger (Lk 24, 41 ff) und durch einen wunderbaren Fischfang (Joh 21, 4–7). So entsprach es zwar dem jüdischen Verständnis vom göttlichen Geschichtswalten, wie es insbesonders in der Erzählung vom Auszug Israels aus Ägypten zum Ausdruck kam, und dem allgemein-menschlichen Wunderverständnis, aber nicht dem von der Kreuzigungsszene gegebenen Fingerzeig. Danach starb Jesus, ohne daß der von seinen Henkern ironisch erwartete himmlische Nothelfer und Retter in Erscheinung trat, ja ohne daß sich auch nur eine Hand rührte, um ihm seine Qualen zu lindern, und somit im Zeichen der Verweigerung jedes rettenden oder auch nur mildernden Eingriffs. Wenn der Hebräerbrief in seinem Passionswort dennoch behauptet: »Und er ist erhört und aus seiner Todesnot befreit worden« (Hebr 5, 7), und wenn die Apostelgeschichte dies mit dem Petruswort bestätigt, daß Gott ihn »von den Wehen des Todes befreite« (Apg 2, 24), kann das nur heißen, daß seine Rettung auf einem andern als dem faktizistischen Weg, positiv ausgedrückt, durch seine Entrückung und Aufnahme erfolgte.

In die Entscheidung der damit aufgeworfenen Frage greift Paulus durch seine Deutung des Ostergeschehens ein. Zwar unterstellt ihm die Apostelgeschichte, daß sich seine Damaskusvision auf denkbar dramatische Weise vollzog: durch die Überwältigung durch ein ihn umstrahlendes Licht, das ihn zu Boden wirft, und durch den Anruf einer Himmelsstimme, die ihm seine Verfolgung der jungen Kirche mit der Frage: »Warum verfolgst du mich?« (Apg 9, 4) zum Vorwurf macht. Doch Paulus selbst faßt sein Erlebnis in den danach auch von den anderen Osterzeugen übernommnen Protokollsatz: »Ich habe den Herrn gesehen« (1 Kor 9, 1; Joh 20, 18) zusammen, den er in seinem dreifachen Selbstzeugnis akustisch (Gal 1, 6), optisch (2 Kor 4, 6) und haptisch (Phil 3, 12) entfaltet. Danach bestand sein Ostererlebnis in der an ihn ergangenen Offenbarung des Gottessohnes, in der Schau des im Gottesglanz erstrahlenden Angesichts Christi und in seinem überwältigenden Ergriffensein durch ihn. Das aber ist nichts anderes als die Innensicht der älteren Deutung des Osterereignisses, die sich damit definitiv als die ursprüngliche erweist.[135]

Auf diese Sicht führt auch das vom Johannesevangelium an die Spitze seiner Osterberichte gestellte Zeugnis der Maria aus Magdala hin, die Jesus mit dem Wort zur Osterbotin bestimmt: »Geh zu meinen Brüdern und sag ihnen: Ich steige auf zu meinem Vater und eurem Vater, zu meinem Gott und eurem Gott« (Joh 20, 17). Dem Motiv der Aufnahme tritt hier das des Aufstiegs entgegen, das jedoch dasselbe, jetzt nur aus der Sicht des Auferweckten besagt. Wie die Passion aus johanneischer Sicht als Inbegriff höchster Aktivität begriffen werden muß, so erscheint hier die Aufnahme als Aufstieg und damit als die Tat des Aufgenommenen. Das kommentiert der Epheserbrief mit der Frage: »Wenn er aber hinaufstieg, was bedeutet das anderes, als daß er zuvor in die Niederungen der Erde herabstieg?« Und er folgert daraus: »Er, der herabstieg, ist auch emporgestiegen bis zum höchsten Himmel, um das All zu erfüllen« (Eph 4, 9 f) Auf die Frage des Epheserbriefs antwortete die spätapostolische Reflexion mit dem Theorem vom Abstieg Jesu zu den »Geistern im Gefängnis«, denen er seine Auferstehungsbotschaft brachte (1 Petr 3, 19 f). Darauf baute die Ostkirche ihr auf apokryphe Überlieferungen gestütztes Osterbild auf. Danach stößt der Auferstandenen das Tor des Hades auf, das Tod und Satan unter sich begräbt, während er mit mächtiger Gebärde die dort Gefangenen mit den Stammeltern an ihrer Spitze in sein Lichtreich emporzieht.

Angesichts des von *Peter Wust* entdeckten nexus animarum und der von *Carl Gustav Jung* erschlossenen Dimension des kollektiven Unterbewußten legt es sich nahe, den descensus ad inferos als Einstiftung eines christologischen Archetyps zu deuten, den (nach Lk 21, 8) die endzeitlichen Verführer, die sich zur Steigerung ihrer Faszination und Macht in die Rolle Christi hineinsteigern, usurpieren.[136] Erst recht darf dann aber angenommen werden, daß es eine allen bewußten Tendenzen und Autoritäten vorausliegende unterbewußte Prägung gibt, die dem Glaubensvollzug entgegenkommt und ihm zum Ziel verhilft. Vor aller bewußten Zuwendung sind wir dann bereits von und für Christus eingenommen, weil niemand zu ihm kommen kann, es sei denn, daß ihn der Vater zu ihm emporzieht (Joh 6, 44). Darin besteht die den gesamten abendländischen Kulturkreis durchherrschende »Voreingenommenheit« für Christus, die alle Spaltungs- und Abfalltendenzen überdauert und, wie zu hoffen ist, überwindet.

Die Chora-Kirche von Konstantinopel: Die Anastasis

Der Finsternis entrissen

Wie ein Spiegelbild zum Auferstehungsbild des Isenheimer Altars wirkt die »Anastasis« aus der Apsis der Begräbniskapelle des vor dem alten Stadtrand gelegenen Chora-Klosters von Konstantinopel. In dieser überwältigenden Darstellung des Ostergeheimnisses aus der Sicht der Ostkirche steigt der Auferstandene nicht sonnenhaft aus der Tiefe des Grabes empor, sondern, einer Aussage des Epheserbriefs (Eph 4, 7–10) und deren Ausfaltung in der apokryphen Literatur zufolge, in die Abgründe des Hades hinab: »Denn wenn er hinaufstieg; was bedeutet das anderes, als daß er zuvor in die Niederungen der Erde hinabstieg? Der aber hinabstieg, ist derselbe, der auch über alle Himmel emporstieg, um das All zu erfüllen.« Im Fresko der Chora-Kirche hat er bei seinem Abstieg die Pforte des Hades aufgestoßen; Tod und Hades liegen gefesselt und überwunden unter den beiden Türflügeln. Mit mächtigem Zugriff hat er die beiden Stammeltern dem Tod entris-

sen und in seine Lebensfülle aufgenommen. Hinter ihm drängen die im Hades Gefangenen, angeführt von Johannes dem Täufer und einem mit einer Dalmatik bekleideten Heiligen ans Licht. Doch im Zentrum der ungemein dynamischen Szene erscheint in strahlendem Weiß und umgeben von einer dreifachen, sternenbesetzten Aureole der Auferstandene als leibhaftiger Inbegriff des Lebens und der Freiheit in der alles niederzwingenden und lähmenden Todesnacht der Unterwelt.

Auf ungemein dramatische und suggestive Weise ist in diesem Fresko das Motiv der Auferstehung als Todüberwindung in Szene gesetzt. Mit seiner Auferstehung hat Jesus das Gesetz der universalen Todverfallenheit der Kreatur aufgehoben und alle in seine Lebensfülle aufgenommen. Die in diesem Bild aufscheinende Freiheit ist ebenso Befreiung von dem allen Lebenden aufgebürdeten »Sklavenjoch der Todesfurcht« und Todverfallenheit (Hebr 2, 15) wie Freiheit zum unverlierbaren Leben in der Lebensfülle des Auferstandenen. Es ist sowohl die Freiheit der gesprengten Fesseln als auch die der Erhebung zu den größeren Möglichkeiten des Daseins, wie es sich aus seiner Zusicherung ergibt: »Wenn ich von der Erde erhöht bin, werde ich alle an mich ziehen« (Joh 12, 32).[137] Das spricht, unüberhörbar und gebieterisch, aus der »Anastasis« des Chora-Freskos. Denn die Hände des Auferstandenen greifen in den Händen der Stammeltern nach denen des Betrachters. Er ist mit den ans Licht Drängenden letztlich gemeint. Das Sklavenjoch der Todesfurcht liegt auch auf seinen Schultern, und er seufzt nach dem großen Wort des Römerbriefs zusammen mit der ganzen Schöpfung danach, der Hinfälligkeit des Daseins entrissen zu werden und zur herrlichen Freiheit der Gotteskinder, zu gelangen (Röm 8, 20–23).[138] Ihm als Gotteskind ist die Gottessohnschaft Jesu zugeeignet, so daß er jetzt schon, auch wenn er noch sterben muß, der »Macht der Finsternis entrissen« und »in das Reich des geliebten Sohnes« aufgenommen ist (Kol 1, 13). Es gibt Bilder, die im Sinn des akustischen Osterzeugnisses Pauli (Gal 1, 16) etwas zu sagen haben, und andere, die wie sein optisches Osterzeugnis (2 Kor 4, 6) etwas aufscheinen lassen. Dieses Bild entspricht jedoch seinem haptischen Osterzeugnis, das (nach Phil 3, 10) von seinem Ergriffensein durch den Auferstandenen redet, und dies mit einer Suggestivität, aufgrund deren sich der Betrachter selbst ergriffen und zur Bezeugung dieses Erlebnisses aufgerufen fühlt.[139]

Die Idee der Auferstehung

In denkbar schroffem Gegensatz zum Auferstehungskonzept des Isenheimer Altars und der ostkirchlichen »Anastasis« steht Rembrandts Darstellung der Auferstehung aus seinem für den Statthalter Frederik Hendrik von Oranien geschaffenen Passionszyklus. Wie Lazarus von Leinenbinden umhüllt erhebt sich der Auferstehende traumverloren aus dem Grab, während ein Lichtstrahl aus der Mitte des Bildes auf ihn fällt. Dort schwebt im Zentrum einer wahren Explosion von Glanz und Licht die Gestalt eines Engels, der mit beiden Händen den schweren Deckstein vom Grab emporreißt und der durch seine Erscheinung die Wächter, denen die Waffen aus der Hand fallen, Hals über Kopf zu Boden wirft. Dabei steht die Auferstehung in ihrem eigenen Licht. Sie ist Ereignis und, was den Auferstehenden betrifft, Widerfahrnis, nicht dessen ureigene Tat. So entspricht es dem biblischen Sprachgebrauch, der zunächst von Auferweckung und erst auf einer späteren Reflexionsstufe von Auferstehung redet.[140] Als Ereignis aber markiert sie den Einbruch einer höheren Wirklichkeit in die empirische, wie es Schelling in seiner »Philosophie der Offenbarung« mit den Worten beschrieb: »Tatsachen wie die Auferstehung Christi sind wie Blitze, in welchen die höhere, das heißt die wahre, die innere Geschichte in die bloß äußere hindurchbrechend hereintritt«.[141] Was Rembrandt in der Gestalt des Engels aufscheinen läßt, ist aber nicht das Ereignis, sondern die »Idee« der Auferstehung, die die Welt der Todbefangenheit durchbricht und die allen, die lebenslang das Sklavenjoch der Todverfallenheit zu tragen hatten (Hebr 2, 15), Licht in das Dunkel ihres Daseins wirft.

Ganz aus dem Rahmen des traditionellen Konzeptes einschließlich der Darstellungen der »Anastasis« und des Isenheimer Altars fällt die offensichtliche Verknüpfung der Auferstehung mit dem Lazarusmotiv. Zu deutlich weist die Binde um den Kopf des Auferstehenden auf diesen Zusammenhang hin, als daß er übersehen werden könnte. Doch damit beweist der geniale Künstler einmal mehr, daß er über einen eigenen, der theologischen Reflexion nicht selten vorauseilenden Zugriff auf das religiöse Mysterium verfügt. Während sich diese nur zögernd von der Vorstellung löst, daß es sich bei der Auferweckung des Lazarus (Joh 11, 17–44) um die krönende und sowohl die Erweckung des Jünglings von Nain (Lk 7, 11–17) als auch die der Tochter des Jairus (Mk 5, 35–43) überbietende Totenerweckung handle, läßt die Darstellung Rembrandts nur den Schluß zu, daß sich Jesus in Gestalt seines Doppelgängers Lazarus selbst aus dem Grab herausruft und damit

Rembrandt: Die Auferstehung

seine eigene Auferstehung zeichenhaft vorwegnimmt.[142] Deshalb verlegt Rembrandt das Auferstehungsmotiv so nachdrücklich auf die Gestalt des Engels, daß sich diese in ihr geradezu sichtbar ereignet.

Damit schließt sich der Ring zum Lieblingsjünger, der, in sein symbiotisches Verhältnis zu Jesus zurückverfolgt, gleichfalls als dessen Doppelgänger verstanden werden kann. Mit seiner Frage setzt im Grunde Jesus selbst das Passionsgeschehen in Gang. Mit seinem Wort an die Mutter: »Frau, sieh da, dein Sohn!« (Joh 19, 26) übergibt er sich ihr in Gestalt des Jüngers zu seinem Fortleben in den Seinen. Aufgrund dieser mystischen Identität kommt der Jünger schon dank der im Grab verbliebenen – und an den mit Binden umwickelten Lazarus erinnernden (11, 44) – Relikten zum Osterglauben (20, 8). Doch damit nicht genug. Wenn vom Lieblingsjünger, wie sich zeigte, ein Anreiz an den Leser ausgeht, sich in ihm wiederzuerkennen und das, was ihn ausmacht, mitzuvollziehen, ist Rembrandts »Auferstehung« erst dann wirklich verstanden, wenn sich der Betrachter durch die Gestalt des Auferstehenden bewogen fühlt, ihm in die Lichterscheinung des Engels hinein zu folgen.

22

Auferstanden und veröffentlicht

Herzmitte des Christentums ist nach *Ulrich Wilckens* die Auferstehung Jesu. Sie ist die Rechtfertigung seiner am Kreuz endenden Lebensgeschichte, die Besiegelung seiner Gottesentdeckung und die Krönung seines Lebenswerkes. Sie ist der Impuls zur missionarischen Ausbreitung des Christentums und die innerste Begründung seines Rangs als Weltreligion. Aber sie ist nicht weniger das Fundament des Christenglaubens, die Motivation seiner Spiritualität und Mystik. Ihre Tatsächlichkeit wurde von Anfang an ebenso bezeugt und verteidigt wie bezweifelt und angefochten. Bezeugt von den von Paulus aufgeführten Zeugen (1 Kor 15, 3–8), die sich mit dem Protokollsatz »Ich habe den Herrn gesehen« (Joh 20, 18) in das Fundament des Christentums einschrieben, und verteidigt von den Märtyrern, die für den Glauben an den Auferstandenen ihr Leben hingaben. Schon früh entzündete sich aber auch der Zweifel daran, daß die Ostererscheinungen »nicht vor dem ganzen Volk, sondern nur vor den von Gott vorherbestimmten Zeugen« erfolgten (Apg 10, 41; Joh 14, 22), ein Einwand, der in der Folge vor allem von dem Rhetor *Kelsos* aufgegriffen und gegen das Christentum ausgespielt wurde.

Im Grunde könnte dieser Einwand nur dann widerlegt werden, wenn sich das Gegenteil beweisen ließe: wenn es also gelänge, das Christentum in allen seinen Erscheinungsformen auf die Auferstehung Jesu zurückzuführen und sie als seine weltweite Veröffentlichung glaubhaft zu machen. Für den Glauben besagt das, daß er von innen her als Auferstehungsglaube erwiesen und glaubhaft gemacht werden müßte. Tatsächlich ist die Botschaft Jesu erst dann unbestreitbar glaubwürdig, wenn sie »überall, jederzeit und von allen« geglaubt wird (*Vinzenz von Lerin*). So sehr dem die Freudenbotschaft der Engel entspricht, die »allem Volk widerfahren« soll (Lk 2, 10), so wenig (nach Apg 10, 41) die Osterbotschaft, die anfänglich »nicht an das ganze Volk« ergeht. Gleichwohl ging von dem »in die Erde gefallenen Weizenkorn« (Joh 12, 24) eine weltverändernde und weltverwandelnde Wirkung aus. Denn von der Osterbotschaft ging, so sehr sie nur von wenigen getragen wurde, die Insinuation aus, sie überall und über alle sprachlichen, ethnischen und, wie das beschneidungsfreie Evangelium des wichtigsten Missionars Paulus zeigt, sogar religiösen Grenzen hinweg bekanntzumachen. Was den Ostererscheinungen fehlte, bewirkte somit die Mission. Sie stellte die Öffentlichkeit her, die der Botschaft zu ihrer Vollständigkeit verhalf.

Das bewirkte das Osterereignis auch in kultureller Hinsicht. Aus innerer und äußerer Nötigung entwickelte sich das junge Christentum aus seinen oralen Anfängen zur Schriftreligion. Die Spruchsammlung führte, wohl auch unter dem Eindruck der aus den Bedürfnissen der Missionsarbeit hervorgegangenen Paulusbriefe zur Entstehung der Evangelienschriften. Das hatte aber auch eine innere Konsolidierung zur Folge. Vom Auferstandenen wußten die Glaubenden, daß er durch den Glauben in ihrem Herzen wohnen wolle (Eph 3, 17). So entstand im Gegenzug zur jüdisch-chassidischen Mystik, die der Versenkung ins Gottesgeheimnis entstammt, die spezifisch christliche im Motiv der Einwohnung Christi zentrierte Spiritualität und Mystik. Die Einwohnung aber ist die unmittelbare Frucht der Auferstehung Christi, der seinen »Himmel« nirgendwo anders als im Herzen der Seinen sucht. Durch seine Auferstehung wurde Jesus zum »lebendigmachenden Geist« (1 Kor 15, 45), der sich den Glaubenden einstiftet und ihm in der Interaktion mit sich zu seiner wahren Identität verhilft.

Was so beim Einzelnen seinen Anfang nimmt, greift auf die ganze Glaubensgemeinschaft über, die so (nach Eph 4, 13) zum ganzen Christus der Lebensgemeinschaft des mystischen Leibes heranwächst. Dann gilt aber nicht mehr die Einschränkung der Apostelgeschichte (Apg 10, 41), weil nun die ganze Glaubensgemeinschaft zum »Zeugen« der sie beseelenden Auferstehung Jesu geworden ist. In seiner Ausbreitung zur Weltreligion gewinnt das Christentum die Öffentlichkeit, die ihm nach dem Vorwurf der Gegner (*Kelsos*), aber auch nach seiner Selbsteinschätzung (Joh 14, 22) fehlte.

In einer Zeit des schwindenden Glaubens ist entscheidend daran gelegen, daß das neu ins Bewußtsein gehoben argumentativ gestützt wird. Wer heute an die Auferstehung Jesu glaubt, verankert sich nicht nur in dem ihn tragenden Fundament, sondern trägt auch dazu bei, daß der Auferstandene, wenngleich nicht vom ganzen Volk gesehen, so doch weltweit als gegenwärtig erfahren wird. Dabei darf er sich auf die Tatsache stützen, daß Jesus nicht wie andere Religionsstifter in die Vergangenheit abgesunken ist, sondern ebenso wie in seiner Stiftung in den an ihn Glaubenden fortlebt.

Die staunenden Augen

In einer von der traditionellen Darstellungsweise signifikant abweichenden Form hat der in Rom und Urbino schaffende Frederico Barocci die Begegnung des Auferstandenen mit Maria aus Magdala als erster Osterzeugin gestaltet. Während die übrigen Darstellungen Jesus im Sinn des falsch verstandenen »Noli me tangere« vor Maria zurückweichen lassen, ist hier der Akzent ganz auf den Augenblick des Wiedererkennens verlegt. Deshalb sind auch die üblichen Requisiten, die Jesus als den vermeintlichen Gärtner erscheinen lassen, fortgefallen. Statt dessen tritt der Auferstandene, nur spärlich bekleidet, mit großer Geste aus dem Grabesdunkel auf die Erkennende zu. Sie ist vor ihm auf die Knie gesunken und hält die linke Hand voller Staunen an ihre Wange. So schildert der Künstler den Augenblick, in dem sie in dem auf sie Zuschreitenden den geliebten Herrn erkennt. Dabei hat er, wie die Körpersprache Jesu betont, die Initiative ergriffen, ganz so, als habe er bei seiner österlichen Erscheinung nur sie gesucht. Sie muß ihr Staunen erst noch verarbeiten, bis sie sich wirklich vom Glück des Wiedersehens überwältigen lassen kann. Insofern herrscht in dem Bild eine Phasenverschiebung. Er ist ihr voraus, dies jedoch so, daß sie ihm in Kürze folgen wird.

Mit der Bedeutung des Brokatgewandes, das Maria als Osterzeugin ausweist, verhält es sich umgekehrt. Hier ist die Szene den beiden Akteuren voraus. Denn Jesus hat sich noch nicht zu erkennen gegeben und sie ebensowenig mit der Osterbotschaft beauftragt, die erst nach der Enthüllung seiner Identität an sie ergeht. So ist es nur zu begreiflich, daß sie den Augenblick des Wiedererkennens festhalten und verewigen möchte. Es klingt wie eine Zurückweisung, wenn sie gesagt bekommt: »Halte mich nicht fest; denn ich bin noch nicht zu meinem Vater aufgestiegen!« (Joh 20, 17) Von einem Verweilen des schönen Augenblicks kann also deswegen keine Rede sein, weil er sich ihr, noch vor seiner Heimkehr zum Vater, als Dank für ihre Anhänglichkeit und Treue zu erkennen gab. Denn sie hatte ihn für seinen Tod gesalbt (Mk 14, 3; Joh 12, 3) und auf der Hinrichtungsstätte ausgeharrt. Doch der ihr zugemutete Verzicht wird durch einen einzigartigen Auftrag kompensiert: »Geh aber zu meinen Brüdern, und sag ihnen: Ich gehe hinauf zu meinem Vater und eurem Vater, zu meinem Gott und eurem Gott«. Maria gehorcht und geht zu den Jüngern, denen sie die Osterbotschaft mit dem Protokollsatz verkündet: »Ich habe den Herrn gesehen!« (20, 18) So ist sie aus johanneischer Sicht zur ersten Osterzeugin geworden.

In alledem geht es um einen Dialog. Denn mit der auf Maria zugehenden Gebärde und der sich ihr entgegenstreckenden Rechten verdeutlicht der Künstler die Anrede Jesu an die um seinen Verbleib bekümmerte Frau: »Maria«, auf die sie im Augenblick des Erkennens mit der Erwiderung: »Rabbuni – Mein Meister!« ant-

Frederico Barocci: Christus erscheint Maria von Magdala

wortet. *Wollte sie ursprünglich den Leichnam, den der vermeintliche Gärtner »weggeschafft« zu haben schien, nur an sich nehmen (20, 15), so hat sie nun statt dessen den für die Sache Jesu und das Schicksal der Welt entscheidenden Auftrag, ihn seinen »Brüdern« als den Lebenden zu verkünden. Denn der Ort beim Vater, zu dem er aufsteigt, ist zugleich der in ihrer Mitte, in der er als »lebendigmachender Geist« (1 Kor 15, 45) fortleben und sie mit seiner Anwesenheit erfüllen will.*

Das brennende Herz

In einer die Grenzen der malerischen Ausdruckskraft sprengenden Szene schildert Rembrandt den Augenblick, in dem die beiden Jünger, die mit ihrem unerkannten Reisebegleiter in die Herberge eingekehrt sind und sich mit ihm zu Tisch gesetzt haben, seiner Identität ansichtig werden. Er steht im Begriff, das Brot mit ihnen zu brechen, während ein Diener mit der Bestellung der Mahlzeit befaßt ist. Da geht unversehens ein Leuchten über sein Gesicht, das sich ins Innere des Raumes hinein ausbreitet. In fassungslosem Staunen bemerken die beiden Jünger die wunderbare Veränderung auf dem Gesicht ihres Begleiters, der, als wäre es selbstverständlich, die Rolle des Gastgebers übernommen hatte. Der Evangelist faßt ihr Erlebnis in den Satz: »Da gingen ihnen die Augen auf, und sie erkannten ihn; er aber entschwand ihren Blicken« (Lk 24, 31). Mehr zu sagen, war auch Rembrandt nicht möglich. Denn das, was jetzt noch darzustellen wäre, gehört in den Bereich der Mystik und damit dessen, was nur mit geschlossenen Augen wahrgenommen werden kann. Doch darum weiß der Evangelist, der seinen Bericht mit dem Zusatz vervollständigt: »Da sagten sie zueinander: Brannte nicht das Herz in uns, als er unterwegs zu uns redete und uns den Sinn der Schrift erschloß?« (24, 32) In dieselbe Richtung tendiert das ursprüngliche Schlußwort des Johannesevangeliums, das die dem Zweifler Thomas gewährte Schau des Auferstandenen durch den Vorwurf relativiert: »Weil du mich gesehen hast, glaubst du. Selig sind, die nicht sehen und doch glauben« (Joh 20, 29). Auch er hätte sich durch das Zeugnis seiner Gefährten: »Wir haben den Herrn gesehen« (20, 25) im Innersten ergreifen lassen und mit dem brennenden Herzen begnügen müssen. Doch im selben Atemzug, wie er getadelt wird, werden diejenigen selig gepriesen, die sich, ohne zu sehen, von der Osterbotschaft ergreifen und zum Glauben bewegen lassen.

Die Seligpreisung des Auferstandenen hat einen höheren Stellenwert und ein größeres Gewicht als die vorangehenden, ausgenommen die der Bergpredigt und die, mit der Jesus die Täuferanfrage beantwortet. Mit der Seligpreisung der Armen, Hungernden und Weinenden (Lk 6, 20 f), denen er den Besitz, die Sättigung und die Freude des Gottesreichs zuspricht, entreißt er sie ihrer aktuellen Notlage, indem er sie in den Reichtum und die Freude seines Herzens hineinnimmt. Wenn er die Anfrage des Täufers mit der Seligpreisung dessen beantwortet, der an ihm keinen Anstoß nimmt (7, 23), hilft er ihm damit über die Enttäuschung hinweg, daß er nicht das von jenem erwartete Gericht heraufführte, sondern den Blinden, Lahmen und Aussätzigen die heilende Hand auflegte und damit den Anbruch der »Zeit der Gnade und des Tags des Heils« (2 Kor 6, 2) glaubhaft machte. Im Hinblick darauf muß nun auch die Seligpreisung derer, «die nicht sehen und doch glauben« (Joh 20, 29) verstanden werden. Anders als die Osterzeugen können sie nicht in deren Bekenntnis »Ich habe den Herrn gesehen« (20, 18) einstimmen. Anders als der Zweifler Thomas dürfen sie aber auch nicht auf einer nachträglichen Gewährung dieser Schau bestehen (20, 25). Vielmehr müssen sie sich mit der Bezeugung einer Fremdevidenz begnügen. Doch diesen Nachteil verwandelt ihre Seligpreisung durch den Auferstandenen in einen unschätzbaren Vorteil. Während sich jene nur auf ein vergangenes Erlebnis berufen können, gilt ihnen die präsentische Seligpreisung des Auferstandenen. Der »garstige breite Graben« des Zeitenabstands, über den sich Lessing beklagte, ist für sie überbrückt. Sie leben aus der Vergewisserung, mit der das Matthäusevangelium schließt: »Und seht, ich bin bei euch alle Tage bis ans Ende der Welt« (Mt 28, 20). Den Glanz, der die Emmauswanderer den Auferstandenen erkennen ließ, sehen sie nicht. Doch glauben sie aus der Gewißheit ihres brennenden Herzens.

Rembrandt: Die Emmausjünger

Werner Jakob Korsmeier: Emmaus

Das leuchtende Anlitz

Auf das Wagnis, sich trotz Rembrandts ingeniöser Darstellung der Szene mit dem Emmausthema zu befassen, hat sich der Glasmaler Werner Jakob Korsmeier einge- lassen und für das Katharinenkloster in Münster einen Zyklus mit biblischen Szenen, darunter auch die der Emmausszene geschaffen. Während sich Rembrandt auf den Augenblick konzentriert, wo die beiden Jünger ihren Tischgenossen, der mit seinen Worten ihre Herzen in Flammen gesetzt hatte, in seiner wahren Identität erkennen, bezieht sich Korsmeier auf den Blick, den sich die Erkennenden und der von ihnen Erkannte zuwerfen. Dabei schaut der Linke, mit dem wohl Kleophas gemeint ist, gedankenvoll auf, ob er denn recht gesehen hat, wobei sich in seinem Gesicht Betroffenheit und Nachdenklichkeit ausdrücken. Ihm gegenüber erscheint der Aufer- standene mit verklärtem Antlitz, der mit seinem Blick die ganze Welt umfaßt.

Das geheimnisvollste Gesicht ist das des mittleren Jüngers, der in der Emmaus- geschichte namenlos bleibt, aber vom Egbert-Codex mit dem Berichterstatter Lukas identifiziert wurde. Dies einmal angenommen, ist das mittlere Gesicht das des Evangelisten, dem die nach Novalis in »tausend Bildern« ausgedrückte Marienver- ehrung zu danken ist, ohne den es keine Weihnacht und keinen Hinweis auf die reli-

- 132 -

giöse Entwicklung des jugendlichen Jesus gäbe, ebensowenig eine Kenntnis der Todesdrohung des Landesherrn Herodes gegen ihn, seiner Unterstützung durch die ihm nachfolgenden Frauen und seines Entschlusses zur letzten Reise nach Jerusalem; auf den aber auch das Wissen um die Urgestalt der Seligpreisungen und des Vaterunsers zurückgeht, ebenso eine Reihe der eindrucksvollsten Gleichnisse Jesu und dessen Rolle als größter Beter der Geschichte (Wernle), nicht zuletzt aber gerade auch die in diesem Bild dargestellte Szene. Das kann man um so mehr in dem mittleren Gesicht ausgedrückt sehen, zumal es wie eine Spiegelung des Angesichtes Jesu wirkt.

Im Dialog der beiden Gesichter drückt sich die Dramatik der Szene aus. Während das Gesicht des Jüngers staunende Betroffenheit bekundet, richtet sich der Blick des Auferstandenen schon auf das Ziel, dem er entgegengeht. Er ist, wie es im Abschiedsgebet Jesu heißt, »schon nicht mehr von der Welt« (Joh 17, 14), obwohl er noch in ihr weilt, um die Jünger für ihre Aufgabe zu festigen. So mischen sich in seinem Gesicht Abschied und Gegenwart. Sein Herz gehört schon dem Vater, seine Anteilnahme noch den Jüngern, die er (nach 17, 15) vor dem Bösen bewahren und in der Einheit mit sich erhalten will (17, 22). Ihnen geht er voran zu dem Ziel, an das auch sie gelangen sollen. Denn seine Zukunft ist auch die ihre.

Nach dem lukanischen Bericht entschwindet der Auferstandene, kaum daß ihn die beiden Reisebegleiter beim Brotbrechen erkannten, ihren Augen (Lk 24, 30). Doch sie bedürfen des äußeren Anblicks nicht länger, denn sie tragen, was sie sahen, in der Fühlung ihres brennenden Herzens in sich. Das bringen sie mit ihrem Geständnis zum Ausdruck: »Brannte nicht das Herz in uns, als er unterwegs mit uns redete und uns den Sinn der Schrift erschloß?« (24, 32). Doch brannte nach der Deutung des Künstlers nicht nur ihr Herz. Vielmehr war ihnen auch, mit Hölderlin gesprochen, sein Antlitz »wie Eisen im Feuer« eingetrieben. Das strahlte ebenso in sie ein, wie es, gespiegelt in ihrem Innern, aus ihnen hervorleuchtete. Jetzt wissen sie, warum sie ihren Begleiter nicht ziehen lassen wollten, sondern ihn mit der Bitte: »Bleibe bei uns, denn es wird schon Abend, und der Tag hat sich geneigt« (24, 29), zur Einkehr mit ihnen nötigten. Und ebenso wissen sie jetzt, warum es sie nicht in Emmaus hält, weil sie zu ihren in Jerusalem verbliebenen Gefährten zurückkehren müssen, um ihnen von ihrem Erlebnis zu berichten. Ungeachtet der späten Stunde ist ein neuer Tag für sie aufgegangen, von dem der zweite Petrusbrief sagt, daß »der Tag anbricht und der Morgenstern in den Herzen aufgeht« (2 Petr 1, 19). Was sie erfüllt und zum Zeugnis bewegt, ist das Wunder der Einwohnung Christi in ihrem Herzen. Im Grunde war ihnen der Auferstandene nur erschienen, um dieses Wunder in ihnen zu wirken. Das spiegelt sich im Gesicht des mittleren Jüngers, der mit seinem auf den Betrachter gerichteten Blick diesen in sein Erlebnis einzubeziehen sucht. Man kann diesem Blick nicht standhalten, es sei denn, daß man sich von dem ergreifen läßt, der sich in diesem Gesicht eines Ergriffenen spiegelt.

23

Auferstanden und einwohnend

Nach dem Epheserwort ist der Herabgestiegene aber auch über alle Himmel emporgestiegen, um das All zu erfüllen (Eph 4, 8 ff). Das entspricht dem Bescheid Jesu an Maria aus Magdala, er gehe zu seinem Gott und Vater, und ist davon in der Zielangabe doch grundverschieden. Was hier als Heimkehr zum Ursprungsort (Joh 1, 18) gemeint ist, erscheint dort als mystische Expansion, die das ganze Weltall zum Ziel hat. Den Grund nennt der Kolosserbrief mit der Präexistenzaussage: »Alles ist durch ihn und für ihn geschaffen; er ist vor allem, und das All hat in ihm Bestand« (Kol 1, 16 f). Wenn man davon ausgeht, daß das johanneische Abschiedsgebet die Innensicht der Himmelfahrt Jesu erschließt, ist dort aber noch von einem andern Ziel seines Aufstiegs die Rede. Denn es schließt mit dem Wort: »Ich habe ihnen deinen Namen mitgeteilt und werde ihn mitteilen, damit die Liebe, mit der du mich geliebt hast, in ihnen sei und ich in ihnen« (Joh 17, 26). Ziel des Aufstiegs ist hier nicht die den Kosmos umgreifende Seinsfülle, sondern der sich der Liebe Christi erschließende Einzelne. So entspricht es der Formel der hermetischen Gottesspekulation, die Gott die unendliche Sphäre nennt, deren Umkreis nirgendwo und deren Zentrum überall ist. Wenn aber überall, dann auch und insbesondere in der Lebensmitte eines jeden.[143]

Ziel des Aufstiegs Jesu ist somit vor allem seine Einwohnung im Herzen der Seinen, die er im Johannesevangelium mit dem Wort umschreibt: »Wenn jemand mich liebt, wird mein Vater ihn lieben, und wir werden zu ihm kommen und Wohnung bei ihm nehmen« (Joh 14, 23), und die der Epheserbrief in den Wunsch faßt: »Christus möge durch den Glauben in euren Herzen wohnen« (Eph 3, 17). Der »Himmel«, zu dem der Auferstandene »empor-steigt«, ist demnach sowohl der Vater, von dem er (nach Joh 16, 28) ausgegan-gen ist, das alles umgreifende Seinsganze, ebenso wie das sich ihm erschließen-de Menschenherz. Darauf zielte er schon mit seiner vom Herzen Gottes ge-brachten Kunde (Joh 1, 18), aber auch mit der den Bedrückten und Beladenen verheißenen »Ruhe« (Mt 11, 28) und, wesentlicher noch, mit seinem Existenzakt, der ihn insbesondere in Akten der Hingabe und Selbstübereig-nung zu sich selbst finden läßt.[144] Das ist die Grundform des Fortlebens Christi, der nicht in das Dunkel der Vergangenheit versank, sondern derselbe bleibt »gestern, heute und in Ewigkeit« (Hebr 13, 8). Ohne seiner Personalität Abbruch zu tun, gibt er sich als Individuum auf, um in den Seinen auf- und fortzuleben. Ihr Glaube an ihn ist sein Selbstbewußtsein in ihnen. Und dabei bleibt er doch der, der sie ebenso inspiriert wie bewegt und motiviert. Deshalb kann Paulus auf dem Höhepunkt eines Lebens von beispielloser Aktivität und Kreativität von sich sagen, daß er »nicht wage, von etwas zu reden«, was nicht von Christus in ihm bewirkt worden sei (Röm 15, 18). Aufgrund seiner Einwohnung ist Christus das bestimmende Über-Ich der Seinen, das inspirierende und motivierende Zentrum ihres Denkens und Handelns.

Diesen Gedanken hat Paulus *Alfred Wikenhauser* zufolge zweifach ausgearbeitet und konkretisiert.[145] Zunächst durch die an die hermetische Formel erinnernde Vorstellung von einer die Glaubensgemeinschaft umfassenden Sphäre, die im Mysterium der Einwohnung Christi ihre Mitte hat; sodann durch seinen Bildgedanken vom mystischen Herrenleib, der sich (nach Röm 12, 4 f) aus Christus, dem Haupt, und aus den von diesem belebten und beseelten Gliedern aufbaut. Zur Vorstellung von der Sphäre verdichtet sich seine vielfach und variationenreich verwendete Formel »in Christus«, zu der vom mystischen Leib seine gleichfalls reich differenzierte Beschreibung der unterschiedlichen Interaktion, in der die durch den Geist Geeinten (1 Kor 12, 12–31) begriffen sind. So setzt sich das Lebenswerk Jesu im Zusammenleben der Seinen fort. Sie sind, wie die Oden Salomos versichern, der »Mund«, durch den er reden und seine Botschaft in die Welt hineinsprechen will (OS 42, 6). Und sie sind die Hände, durch die er »Wohltaten spendend« (Apg 10, 38) in die Weltgeschichte hineinwirken will.[146]

Damit stellt er erneut die von den Kritikern der Auferstehung bemängelte Öffentlichkeit her, vorausgesetzt, daß sich die an ihn Glaubenden dieser Aufgabe auch wirklich bewußt werden. Dazu gehört zunächst die Einsicht, daß, »wenn ein Glied leidet, alle andern mitleiden, und immer dann, wenn ein Glied ausgezeichnet wird, sich alle andern mitfreuen« (1 Kor 12, 26). Doch dieses Bewußtsein der gegenseitigen Vernetzung muß von dem vertikalen des Eingebundenseins in den Lebensvollzug Christi übergriffen werden; denn: »Keiner von uns lebt sich selbst und keiner stirbt sich selbst. Ob wir also leben oder sterben, wir gehören stets dem Herrn« (Röm 14, 7 f; 1 Kor 3, 21).[147]

Darin besteht das neue Bewußtsein, das am Ende des in Auflösung begriffenen der Neuzeit angesagt ist. Erst wenn sich dieses neue gegen den zerfallenden Individualismus durchgesetzt hat, ist das Ziel der Einwohnung, die sich damit als die wahrhaft zeitgemäße Denkungsart erweist, wirklich erreicht.

Der Egbert-Codex: Der österliche Fischzug

Die Menschenfischer

Das Johannesevangelium schließt mit einem Nachtragskapitel, das von einem wunderbaren Fischzug, veranlaßt durch die Erscheinung des Auferstandenen, berichtet. Die durch den Tod Jesu versprengte, dann aber durch Petrus wieder geeinte Jüngergruppe hat sich unter seiner Führung nach Galiläa begeben, um dort dem alten Beruf als Fischer nachzugehen. Nach einer ergebnislos verlaufenen Nacht erblicken die Jünger einen am Ufer stehenden Unbekannten, der ihnen rät, das Netz auf der Gegenseite auszuwerfen. Sie befolgen seinen Rat und machen einen überreichen Fang, der den Lieblingsjünger zu dem Ausruf veranlaßt: »Es ist der Herr!« (Joh 21, 2–7) Daraufhin stürzt sich Petrus, nur notdürftig bekleidet, in den See, um Jesus entgegenzuschwimmen. Die Jünger schleppen das prallgefüllte Netz nach und entdecken am Ufer ein Kohlenfeuer mit Fisch und Brot, vor allem aber ihren geheimnisvollen und schließlich doch als ihren Meister erkannten Gastgeber. Inzwischen zieht Petrus das Netz vollends ans Land.

Der Egbert-Codex hat sich in seiner Darstellung auf diesen Augenblick konzentriert. Jesus steht, von den Jüngern im Boot freudig begrüßt, am Ufer und wirkt mit seinem Gestus das Wunder. Zu seinen Füßen erblickt man das flackernde Kohlenfeuer und ein Brot. Inzwischen zieht Petrus, halbnackt, das Netz mit dem überreichen Fischfang ans Land. Dabei blickt die Darstellung unverkennbar auf die Szene mit seiner Rettung zurück. Während er dort von der Hand Jesu ergriffen und in Sicherheit gebracht wurde, bringt er jetzt die von ihm für den Glauben Gewonnenen, die das übervolle Netz symbolisiert, zu Jesus. Die Darstellung bezieht allerdings den Fortgang der Perikope nicht in ihre Aussage mit ein. Denn dort ist von dem Gespräch Jesu mit Petrus die Rede, in dem er diesen dreimal nach seiner Liebe befragt. Beim dritten Mal begreift der Befragte, daß Jesus auf seine dreimalige Verleugnung anspielt. Deshalb wird er traurig und erwidert: »Herr, du weißt alles, du weißt auch, daß ich dich liebe« (Joh 21, 17). Und zum dritten Mal bestellt ihn Jesus jetzt zum Hirten seiner Lämmer und Schafe. Außerdem kündigt er ihm fast unverhüllt sein bevorstehendes Martyrium am Kreuz an (21, 18 f).

Die ganze Ableitung steht indessen unter einem starken Vorbehalt. Denn sie trifft nur unter der unerträglichen Voraussetzung zu, daß Jesus angesichts der Forderung Satans, seine Jünger »wie Weizen« sieben zu dürfen, vergeblich für Petrus gebetet habe. Auch schloß Jesus seine Zusicherung keineswegs mit der falsch übersetzten Mahnung: »Du aber, stärke nach deiner Umkehr deine Brüder!« (Lk 22, 32) Vielmehr besagt diese Mahnung nur: »Du aber stärke deinerseits deine Brüder« (Allgeier). Außerdem wäre im Fall einer Verleugnung die Bezeichnung des Petrus als »Fels« kaum zu erklären. Auf der Suche nach einem tatsächlichen Versagen des Petrus wird man dann beim »antiochenischen Zwischenfall« (Gal 2, 11 ff) fündig, bei dem es um die Anerkennung des beschneidungsfreien Heidenchristentums durch Paulus gegen den unschlüssigen Petrus ging (Schenke). Zurückprojiziert in die Leidensgeschichte Jesu könnte diese Kontroverse zur Verleugnungsszene geführt haben.

Davon blieb die Petrusgestalt des Egbert-Codex unberührt. Für ihn ist Petrus der von Jesus Gerettete, der so, wie er von der Hand Jesu in Sicherheit gebracht wurde, das übervolle Netz seines auf Weisung Jesu hin eingebrachten Fangs und damit der durch seine Missionstätigkeit gewonnenen Gläubigen an Land zieht, um es Jesus zu Füßen zu legen. So erscheint er in der Optik des Codex als der gerettete Retter. Doch damit geht auf den Betrachter dieses Bildes ein Anreiz aus, es im Rahmen seiner Möglichkeiten Petrus gleichzutun.

24

Inspirierend und fortlebend

Der Lebensweg Jesu endet, wie er begann: mit einem Akt der Inspiration. Nur galt er in der Verkündigungsszene mit Maria seiner individuellen Geburt, während er jetzt, in der pfingstlichen Ausgießung des Geistes, seiner um Maria versammelten Gemeinde und damit der Geburt des mystischen Christus, also seinem geschichtlichen Fortleben gilt. Beide Szenen, die der Verkündigung und die der Geistausgießung, stehen somit in einem Verweisungszusammenhang, so daß von der einen auf die andere geschlossen werden kann. Von der Verkündigung auf das Pfingstgeschehen, sofern darin Jesus in die Weltgeschichte hineingeboren wird und in dieser seine Lebensgeschichte rekapituliert. Aber auch von Pfingsten auf die Verkündigung, sofern diese als ein Geistgeschehen erwiesen wird und die Mutterschaft Mariens in diesem Aspekt erscheinen läßt.

»Die Phylogenese wiederholt die Ontogenese«, mit diesem Satz brach *Henri de Lubac* dieser Zusammenschau Bahn.[148] In seine Spur trat *Gertrud von le Fort*, als sie in ihrem Werk den Gedanken entwickelte, daß einzelne Epochen der Menschheitsgeschichte im Zeichen der Menschwerdung Christi, andere, wie die ihre, in dem seiner Todesangst, seiner Passion und seiner Auferstehung stehen, während wieder andere sein Gericht vorwegnehmen.[149] Damit setzte sie der trinitarischen Geschichtsdeutung des kalabrischen Abtes *Joachim von Fiore*, der eine Vorzeit des Vaters von einer Hoch-Zeit des Sohnes und einer Endzeit des Geistes unterschieden hatte, ein betont christologisches Geschichtsmodell entgegen, so daß sich nunmehr die Aufgabe stellt, die beiden Aspekte zu vereinbaren.[150] Dazu kann die Beobachtung verhelfen, daß der Lebensweg Jesu selbst einen »trinitarischen« Verlauf nahm. Wie es Paulus für Israel annimmt (Gal 3, 23 ff), stand er dann in seiner Kindheit unter dem »väterlichen« Gesetz, während mit dem Zuspruch der Gottessohnschaft bei der Taufe (Mk 1, 11) die Zeit seiner Identität und seiner Reich-Gottes-Botschaft anbricht. Mit seiner Passion und seiner Auferstehung beginnt schließlich die Zeit seiner geistbedingten Wirkungsgeschichte.

Doch dieses Geschichtskonzept beruht auf zwei Voraussetzungen. Wie sein Entdecker (*de Lubac*) zu verstehen gab, ist es die phylogenetische Entfaltung der Lebensgeschichte Jesu, dies jedoch so, wie sie sich nach *Gregor von Nyssa* in jedem Glaubenden ereignet. Ihm zufolge wächst das »uns eingeborene Kind Jesus« in einem jeden an Alter, Weisheit und Gnade heran, wenn auch nicht in einem jeden auf gleiche Weise, sondern jeweils so, wie es der jeweiligen Fassungskraft und Mitwirkung entspricht. In einem jeden, so sein Gedanke, durchmißt Jesus seinen Lebensweg aufs neue. In einem jeden will er nochmals zur Welt gebracht werden und heranreifen, in einem jeden nochmals seine Einsetzung in die Gottessohnschaft erleben und deren Veräußerung in Wort und Tat vollziehen; doch ebenso will er in einem jeden leiden und auferstehen, um ihn schließlich als Auferstandener definitiv in sich aufzunehmen.[151]

Auf die andere Voraussetzung verweist Petrus in seiner Rede auf dem Tempelplatz, wenn er im Bruch mit der gängigen Vorstellung vom bevorstehenden Weltende betont, daß Gott durch Jesus »Zeiten des Aufatmens« eintreten ließ (Apg 3, 20) und damit der Menschheit die Chance eröffnete, sich Jesus zuzuwenden, um das von ihm gewirkte Heil zu ergreifen. Nach einer Zeit der Abkehr von diesem göttlichen Angebot sprechen deutliche Zeitzeichen dafür, daß heute erneut eine Stunde des Aufatmens angebrochen ist, die darauf wartet, als solche wahrgenommen und angenommen zu werden. Als derartige Zeitzeichen haben vor allem zwei zu gelten: das Zweite Vatikanum, in dem sich die Kirche, beispielgebend für alle Konfessionen, vom Weg der ausgeübten oder doch billigend hingenommenen Gewalt zurückzog und sich statt dessen dem Prinzip des Dialogs verschrieb, weil dadurch die Hülle, die über der Mitte des Christentums lag, wegfiel und deutlich wurde, daß diese in dem von Jesus entdeckten und ans Licht gehobenen Gott der bedingungslosen Liebe besteht.[152] Ein zweites Zeitzeichen ist der Gegenwart mit der Entstehung des neuen Europa auf dem blutgetränkten Boden gegeben, auf dem jahrhundertelang die schrecklichsten Kriege ausgetragen wurden. Daß dieses Einigungswerk, entgegen aller Geschichtserfahrung, ohne Blutvergießen und insofern auf dem Weg einer »sanften Revolution« zustande kam, muß entweder als Werk des blinden Zufalls hingenommen oder aber als Folge einer göttlichen Einwirkung gewürdigt werden, die alle Betroffenen zu Dankbarkeit und engagiertem Beitrag zur Konsolidierung und Festigung dieser Insel des Friedens verpflichtet.[153]

Duccio: Die Erscheinung Christi auf dem Berg

Die Aussendung

Das Matthäusevangelium schließt mit der Ostererscheinung Jesu auf einem Berg in Galiläa, der Gegend seines längsten Erdenwirkens. Er tritt auf die dorthin beorderten Jünger zu mit den Worten: »Mir ist alle Macht gegeben im Himmel wie auf Erden. Geht darum zu allen Völkern, macht alle Menschen zu meinen Jüngern, tauft sie im Namen des Vaters, des Sohnes und des heiligen Geistes, lehrt sie alles halten, was ich euch geboten habe, und seht: Ich bin bei euch alle Tage bis ans Ende der Welt« (Mt 28, 16–20). In der darauf bezogenen Darstellung Duccios erscheint Jesus im golddurchwirkten Gewand seines Auferstehungsglanzes vor den zu einer Gruppe versammelten Jüngern, unter denen neben ihrem Anführer Petrus der jugendlich gestaltete Johannes erkennbar ist. Trotz ihrer Distanz hören sie mit gro-

ßer Aufmerksamkeit auf den zu ihnen mit beredter Geste sprechenden Auferstandenen. Von den Zweifeln, von denen einige von ihnen nach dem Matthäusbericht befallen waren (28, 17), ist, nach seiner nachdenklichen Geste zu schließen, allenfalls noch einer, der ein Buch in seiner Linken hält, beschwert. Doch auch in seinem Fall ist der Zweifel bereits überwunden und lediglich noch das Ferment erhöhter Aufmerksamkeit.

Sie gilt, wie die der übrigen Jünger, dem, was ihnen der Auferstandene zu sagen hat. Er sagt es, nach der Sprache seiner Hände zu schließen, nicht nur durch seinen Mund, sondern mehr noch durch und mit sich selbst. Von ihm gilt, was Kierkegaard dem größten Redner der christlichen Antike, Johannes Chrysostomus, mit der Bemerkung nachrühmte, er habe nicht nur mit Worten, sondern »mit seiner ganzen Existenz gestikuliert«. Wie seine Erscheinung zeigt, ist alles an ihm Wort; und seine Worte sind nur die Verdeutlichung seiner Selbstaussage, die seiner ausdrücklichen Versicherung zufolge auf das in ihm gesprochene Wort des Vaters zurückgeht (Joh 14, 10). Daraus erklärt sich dann aber auch Sinn und Aufgabe der vor ihm versammelten Jüngergruppe. Von seinem Wort getroffen, sind seine Jünger zusammengerufen und, ungeachtet ihrer Individualität, vereinigt worden. Seinem Anruf verdanken sie ihre Verbundenheit und Gemeinschaft, während er in ihnen den Raum seiner Selbstverständigung gefunden hat. Ihr Glaube an ihn ist sein Selbstbewußtsein in ihnen. Denn fortan kann jeder von ihnen mit Paulus sagen: »Ich lebe, doch nicht ich – Christus lebt in mir« (Gal 2, 20).[154] Darin erlangen sie die denkbar höchste Sinnbestimmung und Sinnerfüllung ihres Daseins. Doch daraus erwächst nun auch ihre Aufgabe. Seinem Auftrag zufolge werden sie seine offenbarende Selbstaussage in alle Welt hinauszutragen haben. Denn die Welt befindet sich, damals wie heute, im Zustand einer Selbstentfremdung und Selbstzerstörung. Was ihr fehlt, ist ein Prinzip der Vereinbarung der sie zerreißenden Tendenzkräfte, der Bewältigung der sie zerstörenden Konflikte und der Versöhnung der sie gefährdenden Widersprüche. Das aber läßt sich auf einen Satz zurückführen: was ihr fehlt, ist das Prinzip des Friedens. Noch immer wird dieser im Sinn des Jesajawortes »Gerechtigkeit schafft Frieden« (Jes 32, 17) als Folge »friedenstiftender« Initiativen und damit als etwas Abkünftig-Sekundäres verstanden. Wenn aber Christus, wie der Epheserbrief versichert, »unser Friede ist« (Eph 2, 14), gilt die umgekehrte Konsekution.[155] Dann ist dem Jakobusbrief zufolge die Gerechtigkeit die Frucht, die (nach Jak 3, 18) auf dem Boden des Friedens reift, und dieser das Prinzip alles Rettenden und Friedenstiftenden.

Daher muß mit dem Frieden ein Neuanfang aller Verhältnisse, der religiösen ebenso wie der politischen, wirtschaftlichen und kulturellen gemacht werden. Angesichts der in der Welt immer noch herrschenden Rivalität und Gewalt wäre das aussichtslos, wenn der Friede lediglich in einer Idee oder einem Ideal bestün-

de. Er ist aber in dem Gestalt und Heilsmacht geworden, der sich mit der Verheißung »Frieden hinterlasse ich euch, meinen Frieden gebe ich euch« (Joh 14, 27) in die Welt hineingesprochen hat, weil er (nach Eph 2, 14) der leibhaftige Friede ist und als solcher darauf wartet, mit diesem unschätzbaren Angebot endlich angenommen und beherzigt zu werden. Dabei muß der Anfang damit gemacht werden, daß der Friede in seinem primordialen Rang begriffen und als Prinzip des die Menschheit vor dem Absturz in die Barbarei bewahrenden Denkens und Verhaltens zur Geltung gebracht wird. Was die heutige Menschheit mehr als alles andere benötigt, ist eine affektive Kultur des Friedens, die alle anderen Initiativen überstrahlt und in ihren Lebensentwurf integriert.

25

Einbeziehend und aufgenommen

Wenn unter den neutestamentlichen Titeln, die Jesus zugelegt wurden, der des Erlösers noch fehlt, stellt sich doch schon Paulus die Frage nach der von ihm bewirkten Erlösung. Für den Apostel ist Jesus Christus »für uns zur Weisheit, zur Gerechtigkeit, Heiligkeit und Erlösung geworden« (1 Kor 1, 30). Und nach seinem Römerbrief erwarten wir als Gotteskinder die künftige »Erlösung unseres Leibes« (Röm 8, 23). Das war schon für die frühen Kirchenväter mit *Irenäus von Lyon* an ihrer Spitze Anlaß, nach deren Vollzug zu fragen. Seine hellsichtige Antwort bestand in der Lehre von der Wiedereinholung, der Rekapitulation des Alls in Christus.[156] Sie hat ihre innerste Wurzel in der Gottesentdeckung Jesu, die seine Liebe wie eine alles durchstrahlende Sonne über der tod- und leidverfallenen Welt aufgehen ließ. Die gefallene und hinfällige Welt hebt Christus durch sein Heils- und Erlösungswerk in sich auf, in dem er in den Patriarchen zum Patriarch, in den Gesetzen Gesetz, in den Propheten Prophet, »in den Engeln Engel, in den Menschen Mensch und in Gott Gott wird. Denn er war dem Noah Kapitän, dem Abraham Führer, in Isaak gefesselt, in Jakob ein Fremdling, der Hirte der Geretteten, der Bräutigam der Kirche, der Fürst der Engelheere und der König von Ewigkeit zu Ewigkeit«. So holt er alles Verlorene in die Hürde seines Reiches zurück, während er alles Zerstreute vereinbart und zur Erkenntnis des Vaters führt. Verglichen mit der nahezu obligatorisch gewordenen, nur auf die Menschheitsschuld bezogenen Satisfaktionslehre ist das die unvergleichlich umfassendere Schau der Erlösung, die zudem vollauf der Sicht der Paulusschule entspricht, nach der Gott die ganze Seinsfülle in Christus wohnen ließ, »um durch ihn alle und alles mit sich zu versöhnen« (Kol 1, 19; Eph 1, 22 f). Diese Sicht entspricht überdies dem Verhalten Jesu, der sich insbesondere den ins gesellschaftliche Abseits Verstoßenen und Ausgegrenzten zuwendet und in seinen Seligpreisungen den Armen sein Reich, den Hungernden Sättigung und den Weinenden seine Freude zusichert (Lk 6, 20 f). Wenn er eine Sünde bekämpft, ist es vorzugsweise die strukturelle, die durch die gesellschaftlichen Unrechtsverhältnisse insbesondere das »Volk vom Lande« an der strengen Einhaltung des Gesetzes hindert und dadurch dem Fluch der Pharisäer aussetzt (Joh 7, 49). Diesen Verachteten und Nichtswürdigen (1 Kor 1, 28) gilt seine besondere Zuwendung und der Ruf seiner großen Einladung: »Kommt her zu mir, ihr Bedrückten und Beladenen, ich will euch Ruhe schenken« (Mt 11, 28). Keinen stößt er zurück, und den durch sein Gebot Überforderten hilft er dadurch auf, daß er sich im Gegenzug zum Verhalten der Pharisäer, die keinen Finger rühren, um den Menschen die ihnen auferlegten Lasten tragen zu helfen (23, 4), selbst mit unter seine Bürde stellt, um sie zu einer »leichten Last« werden zu lassen. So bezieht er die Seinen in seinen eigenen Lebensvollzug mit ein.

Doch das ist der Liebe nicht genug. Sie will nicht nur mithelfen und mittragen, sondern mitsein. Deshalb will sie in Gestalt des gottgleichen Wortes (nach Joh 1, 11 f) aufgenommen werden, um die Aufnehmenden zu Gotteskindern werden zu lassen. Ursprung und Urheber der Gotteskindschaft aber ist nach *William Wrede* Jesus, der in seinem Wirken die Gottessohnschaft an uns vergibt, um uns Söhne Gottes werden zu lassen.[157] Kind Gottes ist somit der, zu dem Gott wie in der Taufszene Jesu sagen kann: »Du bist mein geliebter Sohn« (Mk 1, 11), weil er ihn wie den Auferstandenen in seine Lebensfülle und in ein genealogisches Nahverhältnis zu sich aufgenommen hat. Und außerdem ist er der, in dem der Sohn, zusammen mit dem Vater, Wohnung genommen hat (14, 23), dem also sein Leben, wie es Paulus von sich sagt, in dem Wunsch besteht, den immer tiefer zu begreifen, von dem er ergriffen wurde (Phil 3, 12), und der demgemäß seine Identität in dem ihm einwohnenden Christus findet (Gal 2, 20). Sein Leben hat seine Mitte in einem sich fortwährend vollziehenden Herzenstausch, sein Denken lebt von den Eingebungen des Gottesgeistes und sein Tun von dem ihm (nach Röm 13, 8 ff) eingestifteten Prinzip Liebe, das ihn auf den Königsweg der Immunisierung gegen das Böse verweist. Das Mysterium der Einwohnung Christi ist dann aber in seiner Konsequenz auch der Weg zur Lösung der Gegenwartsprobleme des Christentums, der es in seine größere Zukunft führt.

Anmerkungen

1 Dazu meine »Einweisung ins Christentum«, Düsseldorf 2004, 191f.
2 *F. Nietzsche*, Zur Genealogie der Moral, § 27; *W. Benjamin*, Das Kunstwerk im Zeitalter seiner technischen Reproduzierbarkeit, in: Illuminationen, Frankfurt 1961, 148–155.
3 *Nikolaus von Kues*, Vom Frieden zwischen den Religionen (Ausgabe Berger und Nord), Mainz und Leipzig 2002, 9–20; 28–151.
4 *Novalis*, Geistliche Lieder XV, in: Die Dichtungen (Ausgabe Wasmuth), Heidelberg 1953, 436.
5 *W. Grundmann*, Das Evangelium nach Matthäus, Berlin 1971, 433f; Augustinus, Confessiones I,1.
6 *S. Kierkegaard*, Einübung im Christentum (Ausgabe Hirsch und Gerdes), Gütersloh 1980, 18.
7 *W. Grundmann*, Das Evangelium nach Matthäus, 65–73.
8 *U. Wilckens*, Das Evangelium nach Johannes, Göttingen 2000, 137; L. Schenke, Die Urgemeinde. Geschichtliche und theologische Entwicklung, Stuttgart 1990, 37–40; 30–33; 226.
9 *E. Mörike*, Göttliche Reminiszenz.
10 *A. Lindemann*, Jesus als der Christus bei Paulus und Lukas, in: Der historische Jesus (Ausgabe Schröter und Brucker), Berlin 2002, 431–435.
11 *G. Theißen* und *A. Merz*, Der historische Jesus, Göttingen 1997, 141–177.
12 *A. von Villers*, Briefe eines Unbekannten (27. Dezember 1877), nach M. Buber, Werke I, München und Heidelberg 1962, 289; J. Bernhart, De profundis (Ausgabe Biser), Weißenhorn 1985; 142.
13 *Augustinus*, Confessiones IV, 8.
14 *J. Ernst*, Das Evangelium nach Lukas, Regensburg 1993, 118; *U. Wilckens*, Theologie des Neuen Testaments I,4, Neukirchen-Vluyn 2005, 148; dazu mein Jesusbuch »Das Antlitz. Selbstfindung in Jesus Christus«, Düsseldorf 2006, 107; 181; 201.
15 *R. Schnackenburg*, Der Sinn der Versuchung Jesu bei den Synoptikern, in: Schriften zum Neuen Testament. Exegese in Fortschritt und Wandel, München 1971, 101–128.
16 *R. Vuillaume*, Mitten in der Welt, Freiburg 1957.
17 *M. Buber*, Bilder von Gut und Böse, Köln und Olten 1953, 26f.
18 *F. Nietzsche*, Also sprach Zarathustra IV, Außer Dienst.
19 *A. Hamman*, Die ersten Christen (Originaltitel: La vie quotidienne des premiers chrétiens), Stuttgart 1985, 89–119; 143–161; 167–180.
20 *A. Schweitzer*, Geschichte der Leben-Jesu-Forschung II, München und Hamburg 1966, 620.
21 *C.-O. Nordström*, Ravennastudien. Ideengeschichtliche und ikonographische Studien über die Mosaiken von Ravenna, Uppsala 1953, 55–87; *A. M. Cetto*, Mosaiken von Ravenna, Bern o.J., 7ff; Tafel 6.
22 *U. Wilckens*, Das Evangelium nach Johannes, 78–89; 184ff; 295; 305–310.
23 *J. Kügler*, Der Jünger, den Jesus liebte. Literarische, theologische und historische Untersuchungen zu einer Schlüsselgestalt johanneischer Theologie und Geschichte, Stuttgart 1988, 85–179; 283–349; 429–455.
24 *U. Wilckens*, ebd.
25 Dazu »Literalität in traditionalen Gesellschaften« (Originaltitel: Literacy in Traditional Societies), Ausgabe J. Goody, Frankfurt 1981, 46–55; 68–124.
26 *A.* und *J. Assmann* und *Chr. Hardmeier* (Hrsg.), Schrift und Gedächtnis. Beiträge zur Archäologie der literarischen Kommunikation, München 1983, 7–23; 64–93; 141–157.
27 *J. M. Robinson*, Der wahre Jesus? Der historische Jesus im Spruchevangelium Q, in: Zeitschrift für Neues Testament 1 (1998) 17–26.
28 *E. Schillebeeckx*, Jesus. Die Geschichte von einem Lebenden (Originaltitel: Jezus, het verhaal van een levende), Freiburg 1975, 284–351.
29 *Augustinus*, Selbstgespräche II, 35 (Ausgabe Remark), München 1965, 186f.
30 *J. Jeremias*, Abba. Studien zur neutestamentlichen Theologie und Zeitgeschichte, Göttingen 1966, 319–323.
31 *H. Baltensweiler*, Die Verklärung Jesu. Historisches Ereignis und synoptische Berichte, Zürich 1959, 91–97; 134ff.

32 *H. Keßler*, Sucht den Lebenden nicht bei den Toten. Die Auferstehung Jesu in biblischer, fundamentaltheologischer und systematischer Sicht, Würzburg 1995, 136f; *J. Kremer*, Lazarus. Die Geschichte einer Auferstehung, Stuttgart 1985, 218–227; 342–346.

33 *W. Grundmann*, Das Evangelium nach Matthäus, 572–580.

34 *A. Lindemann*, Jesus als der Christus bei Paulus und Lukas. Erwägungen zum Verhältnis von Bekenntnis und historischer Erkenntnis in der neutestamentlichen Christologie (Ausgabe Schröter und Brucker), Berlin 2002, 429–461.

35 *L. Schenke*, Die Urgemeinde. Geschichtliche und theologische Entwicklung, Stuttgart 1990, 131ff; 339f.

36 *W. Grundmann*, Das Evangelium nach Matthäus, 403; *H. Baltensweiler*, Die Verklärung Jesu, 64; 131.

37 *R. Hoppe*, Von der Krippe an den Galgen, Stuttgart 1966, 42f; *J. Wilckens*, Das Evangelium nach Johannes, Göttingen 2000, 52ff.

38 Dazu meine Schrift »Theologie und Atheismus. Anstöße zu einer theologischen Aporetik«, München 1972, 11.

39 Dazu meine Studie »Der unbekannte Paulus«, Düsseldorf 2003, 45–50.

40 *S. Vollenweider*, Horizonte neutestamentlicher Christologie, Tübingen 2002, 36ff; *L. Schenke*, Die Urgemeinde, 82; 153ff.

41 *H.-J. Klauck*, Der erste Johannesbrief, Zürich und Braunschweig 1991, 245–252.

42 Dazu meine Schrift »Dasein auf Abruf«, Düsseldorf 1981, 53ff.

43 *S. Vollenweider*, Horizonte neutestamentlicher Christologie, 36; *J. Ernst*, Das Evangelium nach Lukas, Regensburg 1993, 256–259.

44 *U. Wilckens*, Das Evangelium nach Johannes, 35f.

45 *J. Ernst*, Das Evangelium nach Lukas, Regensburg 1993, 233–236.

46 *H. Leroy*, Jesus. Überlieferung und Deutung, Darmstadt 1978, 88f; dazu der Abschnitt »Jesus als Heiler« der Untersuchung von G. Theissen und A. Merz, Der historische Jesus, Göttingen 1997, 256-284; ferner der Abschnitt »Alles macht er gut« meiner Schrift »Die Neuentdeckung des Glaubens«, Stuttgart 2004, 88–91.

47 *F. Heiler*, Das Gebet. Eine religionsgeschichtliche und religionspsychologische Untersuchung, München 1921, 239.

48 *L. Schenke*, Die Urgemeinde, 145; 96ff.

49 *U. Wilckens*, Das Evangelium nach Johannes, 267–270; dazu meine Schrift »Glaubensbekenntnis und Vaterunser. Eine Neuauslegung«, Düsseldorf 1996, 135–167.

50 *E. Schweizer*, Jesus, das Gleichnis Gottes. Was wissen wir wirklich vom Leben Jesu?, Göttingen 1996, 26–40.

51 *D. F. Strauß*, Das Leben Jesu für das Deutsche Volk bearbeitet I, Leipzig 1863.

52 *E. Reich*, Martin Deutingers dialektische Geschichtstheologie, Bonn 1939, 98.

53 *L. Schenke*, Die Urgemeinde, 30f.

54 *O. Kehl*, *M. Kuchler* und *Chr. Uehlinger*, Orte und Landschaften der Bibel I, Zürich, Köln und Göttingen 1984, 85–88; 166ff.

55 *E. Schweizer*, siehe Anmerkung 50.

56 *R. Gösler*, Zur Theologie des biblischen Wortes bei Origenes, Düsseldorf 1963, 250–254.

57 *G. Theißen* und *A. Merz*, Der historische Jesus, 378f.

58 *L. Schenke*, Die Urgemeinde, 148.

59 Dazu meine Schrift »Die Gleichnisse Jesu. Versuch einer Deutung«, München 1965, 117; 164.

60 *H.-J. Klauck*, Der erste Johannesbrief, 246–252.

61 *M. Buber*, Der Jude und sein Judentum, Köln 1963, 182f.

62 *E. Klinger*, Auferstehung – die Tötung des Todes, in: E. Biser, F. Hahn und M. Langer (Hrsg.), Der Glaube der Christen. Ein ökumenisches Handbuch I, München und Stuttgart 1999, 699–719.

63 *U. Wilckens*, Das Evangelium nach Johannes, Göttingen 2000, 186.

64 A.a.O., 168f; *R. Schnackenburg*, Das Johannesevangelium II, Freiburg 1985, 378; *R. Bultmann*, Das Evangelium des Johannes, Göttingen 1950, 293.

65 *J. Jeremias*, Die Gleichnisse Jesu, Göttingen 1962, 196f; ferner meine titelgleiche Schrift, München 1965, 62f.

66 A. Guillaumond, H.-Ch. Puech und G. Quispel, Evangelium nach Thomas, Leiden 1959, Logion 98 (102), 52f.

67 L. Schenke, Die Urgemeinde, 170–173.

68 Dazu mein Sammelband »Die Entdeckung des Christentums. Der alte Glaube und das neue Jahrtausend«, Freiburg 2000, 79; 231; 329; ferner meine Schrift »Gott im Horizont des Menschen«, Limburg 2001, 25-79.

69 H. Leroy, Jesus. Überlieferung und Deutung, Darmstadt 1978, 78-87; ferner meine »Einweisung ins Christentum«, Düsseldorf 2004, 39; 222.

70 M. Görg, Der un-heile Gott. Die Bibel im Bann der Gewalt, Düsseldorf 1995, 70; 105; 114; 120; 142f; 174ff.

71 Dazu meine Untersuchung »Einweisung ins Christentum«, Düsseldorf 2004, 191f.

72 H.-M. Schenke, Die Herkunft des sogenannten Evangelium Veritatis, Göttingen 1959.

73 Dazu mein Jesusbuch »Das Antlitz. Selbstfindung in Jesus Christus«, Düsseldorf 2006, 236ff; 316.

74 L. Schenke, Die Urgemeinde, 21f; 252f.

75 M. Buber, Gottesfinsternis. Betrachtungen zur Beziehung zwischen Religion und Philosophie, Zürich 1953, 149.

76 Dazu mein Aufsatz »Bach als Wiederentdecker der paulinischen Heilsbotschaft«, in: Glaubensimpulse. Beiträge zur Glaubenstheorie und Religionsphilosophie, Würzburg 1988, 324–336.

77 F. Nietzsche, Ecce homo. Wie man wird, was man ist, Vorwort, §1.

78 M. Buber, Zwei Glaubensweisen, Zürich 1950, 110.

79 Dazu meine Schrift »Die Neuentdeckung des Glaubens«, Stuttgart 2004, 80–83; 93f.

80 In diesem Sinn muß die Mission als Kompensation der nur Wenigen zuteilgewordenen Schau des Auferstandenen neu begriffen werden.

81 Dazu die Hinweise meiner Monographie »Überredung zur Liebe. Die dichterische Daseinsdeutung Gertrud von le Forts«, Regensburg 1980, 147–159.

82 W. Lowrie, Das Leben Sören Kierkegaards (Originaltitel: A short life of Kierkegaard), Düsseldorf und Köln 1955, 191.

83 S. Kierkegaard, Einübung im Christentum (Ausgabe Hirsch und Gerdes), Gütersloh 1980, 18f; 102f.

84 Chrysostomus, Kolosser-Kommentar, 10. Homilie; S. Kierkegaard, Die Tagebücher IV, Düsseldorf und Köln 1970, 284; dazu meine Schrift »Paulus für Christen. Eine Herausforderung«, Freiburg 1985, 125.

85 Dazu meine Studie »Der unbekannte Paulus«, Düsseldorf 2003, 52; ferner U. Wilckens, Theologie des Neuen Testaments I, 2, Neukirchen-Vluyn 2003, 172f.

86 F. Nietzsche, Der Antichrist, § 35 (Kritische Studienausgabe VI, 207).

87 So vor allem in Fra Angelicos Darstellung der Ölbergszene mit Maria und Marta im Kloster San Marco in Florenz.

88 Dazu nochmals Anmerkung 84.

89 H.-G. Gadamer, Wahrheit und Methode. Grundzüge einer philosophischen Hermeneutik, Tübingen 1972, 276.

90 A. Guillaumond, H.-Ch. Puech und G. Quispel (Hrsg.), Evangelium nach Thomas, Leiden 1959, 7.

91 U. Luz, Warum zog Jesus nach Jerusalem?, in: Der historische Jesus (Ausgabe Schröter und Brucker), Berlin 2002, 422.

92 Bl. Pascal, Das Mysterium Jesu, in: Pensées (Ausgabe Wasmuth), Heidelberg 1955, 242–247.

93 J. Ernst, Das Evangelium nach Lukas, Regensburg 1993, 461-464.

94 J. Miles, Jesus. Der Selbstmord des Gottessohnes (Originaltitel: Christ. A Crisis in the Life of God), München und Wien 2001, 192ff.

95 U. Wilckens, Das Evangelium nach Johannes, 191f.

96 U. Wilckens, Das Evangelium nach Johannes, 172–181; G. Keil, Das Johannesevangelium. Ein philosophischer und theologischer Kommentar, Göttingen 1997, 184–196; R. Schnackenburg, Das Johannesevangelium II, Freiburg 1985, 396–433.

97 G. von le Fort, Die Letzte am Schafott, Stuttgart 2005, 14; 74.

98 Es ist unvorstellbar, daß das Gebet Jesu um Festigung des Glaubens des »Simon« (Lk 22,31f) unerhört blieb. Die Verunsicherung des Petrus, der aufgrund seines Ostererlebnisses (in Gal 1,15f) die

Jünger im Glauben gefestigt und zur Rückkehr nach Jerusalem bewogen hatte (1 Kor 15,5), kann sich daher nur auf die Kontroverse mit Paulus (Gal 2,11–16), also auf einen nachösterlichen Dissens, beziehen.

99   *U. Wilckens*, Das Evangelium nach Johannes, 185f.

100 Dazu mein Jesusbuch »Das Antlitz. Selbstfindung in Jesus Christus«, 165f; 191; 281f.

101 *L. Schenke*, Die Urgemeinde, 20ff.

102 A.a.O., 75f.

103 *A. Vögtle*, Grundfragen der Diskussion über das heilsmittlerische Todesverständnis Jesu, in: Offenbarungsgeschehen und Wirkungsgeschichte, Freiburg 1989, 164–167.

104 *S. Kierkegaard*, Einübung im Christentum (Ausgabe Hirsch und Gerdes), Gütersloh 1980, 13f; 29–42; dazu *W. Lowrie*, Das Leben Sören Kierkegaards, 191–194; 211.

105 *G. Söhngen*, Christi Gegenwart in uns durch den Glauben, in: die Einheit in der Theologie, München 1952, 324–341.

106 *H. Wentzel*, Die Christus-Johannes-Gruppen des XIV. Jahrhunderts, Stuttgart 1960; J. Lang, Herzens-Anliegen. Die Mystik mittelalterlichere Christus-Johannes-Gruppen, Ostfildern 1994.

107 Als große Ausnahme ist außer der bereits erwähnten Studie von *Joachim Kügler* (1988) vor allem auch *Alv Kragerud*, Der Lieblingsjünger im Johannesevangelium, Oslo 1959 zu nennen.

108 *J. Bernhart*, Die philosophische Mystik des Mittelalters (Ausgabe Weitlauff), Weißenhorn 2000, 8-12.

109 *W. Iser*, Der Akt des Lesens. Theorie ästhetischer Wirkung, München 1984, 50–67.

110 *U. H. J. Körtner*, Weltangst und Weltende, Göttingen 1988, 9–18; *O. Pfister*, Das Christentum und die Angst, Berlin und Wien 1985, 231–423; 441–481.

111 *Bl. Pascal*, Pensées, Das Mysterium Jesu (Ausgabe Wasmuth), Heidelberg 1954, 243.

112 *E. Wasmuth*, Der unbekannte Pascal. Versuch einer Deutung seines Lebens und seiner Lehre, Regensburg 1962, 267–315.

113 *F. Riemann*, Grundformen der Angst. Eine tiefenpsychologische Studie, München 2003, 20–155; 200–213; K. Jaspers, Grenzsituationen, in: Philosophie II: Existenzerhellung, Berlin 1932, 201–229.

114 *M. Buber*, Zwei Glaubensweisen, Zürich 1950, 110f.

115 *U. Wilckens*, Das Evangelium nach Johannes, 256f.

116 *J. Bernhart*, De profundis (Ausgabe Biser), Weißenhorn 1985, 191.

117 *F. Gerke*, Das Christusmosaik in der Laurentius-Kapelle der Galla Placidia in Ravenna, Stuttgart 1965.

118 *U. Wilckens*, Das Evangelium nach Johannes, 35f; 166f; 267–270.

119 *F. Gerke*, a.a.O., 11–16.

120 Dazu mein Beitrag »Der Leidensgefährte«, in: Geist und Leben 48 (1975) 40–50.

121 *F. Nietzsche*, Der Antichrist, § 35.

122 Dazu der Abschnitt »Der Todesschrei« in meinen Jesusbüchern »Der Helfer. Eine Vergegenwärtigung Jesu«, München 1973, 210-217 und »Die Neuentdeckung des Glaubens«, Stuttgart 2004, 109f.

123 Dazu nochmals *E. Schillebeeckx*, Jesus. Die Geschichte von einem Lebenden, Freiburg 1975.

124 *U. Wilckens*, Das Evangelium nach Johannes, 35f; 206f.

125 *F. Nietzsche*, Der Antichrist, § 35.

126 Nach *K. Löwith*, Weltgeschichte und Heilsgeschehen. Die theologischen Voraussetzungen der Geschichtsphilosophie, Stuttgart 1953, 134 und 219.

127 *U. Wilckens*, Theologie des Neuen Testaments I,4, 202.

128 Dazu der Abschnitt »Der Todesschrei« meiner Schrift »Die Neuentdeckung des Glaubens«, Stuttgart 2004, 109f.

129 *Bl. Pascal*, Das Mysterium Jesu, in: Pensées (Ausgabe Wasmuth), Heidelberg 1954, 244; dazu E. Wasmuth, Der unbekannte Pascal. 58; 245–255; 309–318.

130 *E. Grässer*, Der zweite Brief an die Korinther I, Gütersloh 2002, 154–160.

131 *J. Bernhart*, De profundis, 191.

132 *W. Lowrie*, Das Leben Sören Kierkegaards, 191.

133 *M. Buber*, Zwei Glaubensweisen, 101.

134 *R. Heiss*, Der Gang des Geistes. Eine Geschichte des neuzeitlichen Denkens, Bern 1959, 194.

135 Dazu meine »Einweisung ins Christentum«, Düsseldorf 2004, 45f (Ratzinger); 262-268 (Paulus).

136 *P. Wust*, Die Dialektik des Geistes, Augsburg 1928, 512–530; *C. G. Jung*, Archetypen, München 2003, 107–128.

137 *H. Löhr*, Jesus und der Nomos aus der Sicht des entstehenden Christentums, in: Der historische Jesus (Ausgabe Schröter und Brucker), Berlin 2002, 350.

138 *U. Wilckens*, Der Brief an die Römer, Neukirchen-Vluyn 1993, 154–159.

139 Dazu die Ausführungen meiner Studie »Der unbekannte Paulus«, Düsseldorf 2003, 30f.

140 Dazu meine »Einweisung ins Christentum«, 203ff.

141 *F. W. J. Schelling*, Philosophie der Offenbarung, Darmstadt 1955, 219.

142 Dazu die Bemerkungen *Joachim Küglers* zur Gestalt des Lazarus in seiner Studie »Der Jünger, den Jesus liebte«, 446ff.

143 *D. Mahnke*, Unendliche Sphäre und Allmittelpunkt. Beiträge zur mathematischen Mystik, Halle 1937, 144–2156.

144 Dazu meine »Einweisung in Christentum«, 319–324.

145 *A. Wikenhauser*, Die Christusmystik des Apostels Paulus, Freiburg 1956, 19–48.

146 Die Oden Salomos, Ode 42,6; in: Neutestamentliche Apokryphen (Ausgabe Schneemelcher) II, Tübingen 1964, 426; 624.

147 *R. Giesriegel*, Die Sprengkraft des Geistes. Charismen und apostolischer Dienst des Paulus nach dem 1. Korintherbrief, Thaur 1989.

148 *H. de Lubac*, Katholizismus als Gemeinschaft, Einsiedeln und Köln 1943, 183.

149 Dazu meine Monographie »Überredung zur Liebe«, Regensburg 1980, 129–159.

150 *Joachim von Fiore*, Das Reich des heiligen Geistes, München-Planegg 1955, 17–57; 89–106.

151 *H. Rahner*, Die Gottesgeburt, in: Zeitschrift für katholische Theologie 59 (1935), 364–393.

152 Ungeachtet seiner dogmatischen und spirituellen Klärungen muß die Abkehr vom Weg der Gewalt zugunsten dialogischer Konfliktbewältigung als die größte Leistung des Zweiten Vatikanums begriffen und geltend gemacht werden.

153 Als Symptom einer ausgesprochenen Geschichtsblindheit muß daher die Ansicht des Historikers Karl Heinz Bohrer gewertet werden, wonach die Wende von 1989 das entscheidende Kriterium gefehlt habe, denn »es fehlten Tote«; dazu mein Beitrag »Fehlten Tote?« meiner Schrift »Hat der Glaube eine Zukunft?«, Düsseldorf 1997, 85–96.

154 Dazu die Gruppe der »Isochristoi«, der »christusgleichen«, palästinischen Mönche, an die *Alois Dempf* in seiner »Geistesgeschichte der altchristlichen Kultur« erinnert; Stuttgart 1964, 164; 178; 216f.

155 So meine Schrift »Wege des Friedens«, Augsburg 2003, 79–85.

156 *E. Scharl*, Recapitulatio mundi, Freiburg 1941, 1–21; 31–39; *N. Brox*, Offenbarung, Gnosis und gnostischer Mythos bei Irenäus von Lyon, Salzburg und München 1966, 179–195.

157 *W. Wrede*, Paulus in: Das Paulusbild in der neueren deutschen Forschung (Ausgabe Rengstorf), Darmstadt 1964, 60.

Abbildungsverzeichnis